John Stuart Mill

Über die Freiheit

John Stuart Mill
Über die Freiheit
ISBN/EAN: 9783742898340

Hergestellt in Europa, USA, Kanada, Australien, Japan

Cover: Foto ©Suzi / pixelio.de

Manufactured and distributed by brebook publishing software (www.brebook.com)

John Stuart Mill

Über die Freiheit

Ueber
die Freiheit

von

John Stuart Mill.

Aus dem Englischen übersetzt

von

E. Pichford.
Docent der phil. Fak. an der Universität zu Heidelberg.

Frankfurt am Main.
J. D. Sauerländer's Verlag.
1860.

Der höchste und letzte Zweck jedes Menschen ist die höchste und proportionirlichste Ausbildung seiner Kräfte in ihrer individuellen Eigenthümlichkeit; die nothwendigen Bedingungen der Erreichung derselben: Freiheit des Handelns, und Mannigfaltigkeit der Situationen.

Wilhelm von Humboldt:
Ideen zu einem Versuch die Grenzen der Wirksamkeit des Staats zu bestimmen.

Vorwort.

Durch die vorliegende Uebersetzung wünschten wir die vor etwa Jahresfrist erschienene Abhandlung „on liberty" von J. St. Mill einem größeren deutschen Leserkreise zugänglich zu machen. Der Versuch rechtfertigt sich im Grunde schon durch den Namen des Schriftstellers, dem wir das Original verdanken: unter den englischen Gelehrten, welche die Fragen des geistigen und gesellschaftlichen Menschenlebens seit Baco, und im Sinne Baco's, zu erweitern und vertiefen streben, erfreut sich in- und außerhalb seines Vaterlandes kaum einer eines so hohen und verdienten Ansehens, wie der gemüth- und geistvolle Verfasser dieser Abhandlung. In Deutschland und Frankreich war Mill in weiteren Kreisen (durch die gelungenen Uebersetzungen von Soetbeer und Courcelle-Seneuil) bisher wohl nur als der ausgezeichnete Nationalökonom bekannt. Bei den denkenden Köpfen seines Vaterlandes steht jedoch noch höher (und wie wir glauben mit Recht) der Logiker Mill;*) und wer allen Leistungen und der gesammten

---

*) Von dem „system of Logic, ratiocinative and inductive" ist aus der Feder des bekannten Chemikers Dr. Schiel vor länger als einem Jahrzehnt, bei Vieweg in Braunschweig, auch eine deutsche Uebersetzung erschienen. Sie scheint jedoch, trotz der gewichtigen Empfehlung Liebig's,

Anlage des Mannes mit Interesse nachging, hielt sich überzeugt, daß sich diese wunderbare Vereinigung von induktiver Nüchternheit und spekulativer Schöpferkraft bald auch an anderen Aufgaben, als der Schärfung des logischen Werkzeugs, und auf anderen Gebieten, als dem der Wirthschaftstheorie, bewähren würde.

Daß wir uns darin nicht getäuscht, beweist die vorliegende Untersuchung über die Freiheit. Ueber die Bedeutung der analytisch und synthetisch gleich gelungenen Arbeit für den Inhalt, und nicht minder die Methode, der Sitten-, Rechts- und Staatslehre haben wir uns an einem anderen Ort ausgesprochen.*) Es bleibt uns nur ein Wort über das politische Zeitinteresse, das an der Uebersetzung einen Antheil hat und ihr vielleicht auch bei Gesinnungsgenossen eine erhöhte Theilnahme erwirbt.

Gleich im Eingang bemerkt Mill, daß er sich nicht blos die politische und bürgerliche, sondern den viel weiteren Begriff der gesellschaftlichen Freiheit zum Vorwurf wähle. Die Freiheit, die er zu rechtfertigen, die Autoritätsbegriffe, die er zu läutern unternimmt, beschränken sich nicht auf den engen Kreis der verfassungsmäßigen Gerechtsame, wodurch sich ein Volk gegen die Willkür seiner Staatslenker schützt; und ebenso wenig auf die Klasse von Vorschriften und Maßregeln, wodurch sich eine verfassungsmäßig gleichwie beschränkte Regierung ein größeres oder geringeres Gebiet der individuellen Freiheitssphäre unterthan macht. Sein Gesichtskreis reicht noch weiter als die meisterhaften Ideen

---

wohl in Folge der damaligen Zeitereignisse und Gedankenströmung ziemlich spurlos vorüber gegangen zu sein. Nachdem der Geist der exakten Forschung nunmehr auch in den gesellschaftlichen Naturwissenschaften an allen Ecken lebendig wird, dürfte sich eine Ueberarbeitung und erneute vollständige Herausgabe eines Werks empfehlen, das in England so wenig auf dem Büchertisch des Juristen und Naturforschers, wie des Fachphilosophen, fehlt.

*) In der soeben in diesem Verlage erschienenen „Einleitung in die Wissenschaft der politischen Oekonomie."

Wilhelm von Humboldt's: er umspannt jede Art der Autorität, auch die der Sitte und öffentlichen Meinung, wodurch die Gesellschaft, mit Fug oder ohne Fug, die freie Auslebung der Persönlichkeit zu meistern unternimmt. Daß sich nun im Verhältniß zu dieser breiteren Grundlage die Untersuchung verallgemeinern, zugleich tiefer gründen und weiter reichen mußte, kann dem wissenschaftlichen Interesse nur willkommen sein. Dagegen könnte es scheinen (und die Bemerkung ist uns von einem Freunde, dessen politischem Urtheile wir sonst gerne folgen, gemacht worden), als ob, gerade in Folge dieses theoretischen Vorzugs, die praktische Bedeutung der Abhandlung für die Freiheitsfrage, die uns in Deutschland im Augenblick vor Allem kümmert, Noth leiden müßte. Wir sind jedoch einer anderen Ueberzeugung, und unserem Vorhaben wesentlich auch aus einem politischen Interesse treu geblieben.

Auch wir schlagen zur Zeit alle Freiheitsbestrebungen gering an, sofern sie nicht zu der Freiheit zuspitzen, die gegenwärtig ziemlich Alle meinen: zu der Freiheit der Nation, ihre Geschicke selbst zu gestalten. Die Befreiung von dem Machtgebot der Vielstaaterei gilt uns als die einzig zeitgemäße Freiheitsfrage: mit ihrer Lösung wird die Mißhandlung unseres Volks durch einen winzigen aber entschlossenen Nationalfeind und durch kleine aber festgekittete Parteien ein jähes Ende finden. Allein wir sind und bleiben der Ueberzeugung, daß über dies höchste Freiheitsanliegen der Worte mehr als genug gewechselt sind; die Nation will Thaten sehen, oder wenigstens Worte, die wie Thaten wiegen: und zu solchen Thaten und Worten ist zur Zeit nicht die Lage, und — fast scheint es! — auch die Stimmung der Nation nicht angethan.

Wir wissen nicht, ob sich unter der Patriotenpartei noch Viele finden, die für die Ausführung des Eisenacher Programms auf die Initiative der preußischen Staatsgewalt — inclusive der

Landesvertretung — vertrauen, und laſſen es dahin geſtellt, inwiefern die übrigen deutſchen Staatsgewalten der Zumuthung, auf ihre diplomatiſche und Militär=Hoheit — und auf weiter nichts, zu verzichten, je Geſchmack abgewinnen. Unſererſeits haben wir von der Verfaſſungstreue des preußiſchen Regenten und dem guten Willen des preußiſchen Landtags die allerhöchſte, und von dem Beruf dieſes preußiſchen Staats, an der Spitze der Nation eine Welt zum Kampfe zu fordern, um der Einheit eine Gaſſe zu brechen, vor der Hand noch die geringſte Meinung. Von den deutſchen Fürſten aber halten wir uns feſt überzeugt, daß ſie ſich dem Zug der Volksmeinung bereitwilligſt fügen werden — ſofern er ſie nicht gar zu augenſcheinlich auf den Abhang der Selbſtver= nichtung reißt. Um kurz und bündig auszuſprechen, was die Millionen inſtinktartig fühlen, und auch das Eiſenacher Programm urſprünglich vorausſetzte: der Entſchluß, der der Nation die Frei= heit ihrer Selbſtbeſtimmung, und damit die Ehre und Macht zu= rückgibt, wird, nach unſerer Ueberzeugung, nur im Sturm und Drang von Ereigniſſen reifen, worin alle Legitimitäts= und Zau= berpolitik an ihrer eigenen Ohnmacht zu Grunde geht.

Bis dahin aber, und damit der Schläfer im Kyffhäuſer nicht abermals ohne Noth geweckt werde, ſcheint uns auf dem Felde der patriotiſchen Beſtrebungen Eins vorzugsweiſe von Noth: daß die Nation wieder Worte ertragen lerne, die wie Thaten wiegen, und zu der politiſchen Einſicht, die ſie ſchon längſt beſitzt, auch etwas mehr politiſchen Charakter erwerbe. So ſehr man mit den anſtändigen Leuten ſympathiſiren mag: es geht nicht mit der üblichen Loyalitätspolitik, wo das Ziel und die erſten Voraus= ſetzungen der Nationaleinheit ſo handgreiflich illoyale ſind. Und ſo gern man jedem Nationalverein beitreten möchte: es gibt ſo lange keinen lebensfähigen Nationalverein — nur einige weitere, zu den vielen leeren nationalen Demonſtrationen, ſolange man, um die nationale Thatkraft aufzuſtacheln, auf die erſte Voraus=

setzung zu diesem Beruf, die Klarheit und den Freimuth der eigenen Ueberzeugungen verzichtet.

Ob aber die deutsche Nation zu ihrer Bildung den Muth erübrigt, den Consequenzen der nationalen Wünsche, die sie so gewissenhaft, Jahr aus Jahr ein, in Adressen und Resolutionen und Tischreden niederlegt, entschlossen ins Auge zu schauen? — Jedenfalls wird man ohne diesen Muth der Gebildeten und Besitzenden unserer Nation, und selbst mit diesem Muth nicht ans Ziel kommen, wenn man ihn abermals bis zur Stunde der Entscheidung vertagt, oder was ganz dasselbe sagt, abermals die procura den blinden Volksleidenschaften überträgt. Muth, für die eigene Ueberzeugung, ohne verbissene Leidenschaft, aber mit rücksichtslosem Freimuth einzustehen — nochmals dieser Muth und abermals dieser Muth: das sind die drei Dinge, der es zu einer erfolgreichen Führung der deutschen Nationalsache bedarf. Es fragt sich nur, wer uns zu diesem Muthe Muth macht!

Nach unserer Ueberzeugung ist dies weder eine Frage der Hingebung an preußische oder österreichische Sympathie: die wird sich mittlerweile von selber machen oder überflüssig machen; noch auch in erster Linie eine Frage der nationalen Gefühlserregung oder politischen Begriffsabklärung. Unsere nationale Erniedrigung hat sich uns, Gott weiß es, tief genug ins Herz gefressen; und in der Politik haben wir genügend gelernt und vergessen, um, wenn die Stunde schlägt, auch ohne weitere Vorbereitung für das neue Leben die passende Form zu finden. Was wir dagegen durch unsere politischen Erfahrungen noch nicht gelernt haben und auch durch keinerlei politische Propaganda je lernen werden, ist der Muth, für die eigene Ueberzeugung einzustehen; und was wir trotz aller politischen Lehren nicht vergessen haben, noch mit ihrer Hilfe je vergessen können, ist die Gewohnheit des sich Duckens und Schmiegens, die sich durch eine vielhundertjährige Entwürdigung unserem Volkscharakter einimpfte. Das ist der faule Fleck

unseres Nationalwerths, und dieß der Fleck, wo die Freiheit, wie
sie der Verfasser der vorliegenden Abhandlung lehrt, so wirksam
wie irgendwelche nationale Gefühls= oder politische Propaganda in
unsere Wiedergeburt eingreift.

Von Manchen wird es zwar neuerdings als taktischer Vor=
zug eines patriotischen Programms gepriesen, daß es sich diese Art
von Freiheit vorderhand möglichst vom Leibe halte. Was unseren
Interessen und unserem Herzen zur Stunde am nächsten liegt, ist
ja nicht die Freiheits=, sondern die Einheitsfrage. Zu ihrer Lösung
bedarf es ja einzig der Unterordnung unter die diplomatische und
militärische Führung einer Centralgewalt — und nach den Meisten
eines Nationalparlaments. Also könne auch, sagt man uns, die
Einmischung der Freiheitsfragen nur störend wirken; man dürfe in
die brennenden Besorgnisse der Regierungen vor einer Einbuße ihrer
Hoheitsrechte, in die Besorgnisse der Nation vor einer Gleichheits=
macherei ihrer, ob unfreien, doch eingewurzelten Stammesunter=
schiede, ohne Noth nicht Oel gießen. Auch wir würden dieser
Selbstbeschränkung das Wort reden, wenn nicht die Voraussetzungen,
wovon sie ausgeht und gegen die sie ankämpft, gleich sehr in der
Luft schwebten. Man setzt dabei voraus, daß das Werk der
Einigung auf dem friedlichen, versöhnenden Weg eines Kom=
promisses der künftigen Centralgewalt mit den deutschen Regierungen,
und der künftigen Nation mit den deutschen Stämmen zu Stande
komme, und die künftige Bundesverfassung rein aus dem diplo=
matischen und militärischen Bedürfnißdrang geboren werde. Und
man kämpft gegen die Voraussetzung, daß, wer mittlerweile im
Namen der Freiheit zu der Nation rede, nur die verhaßten
Erinnerungen eines grundrechtlichen Zwangs zur Freiheit herauf=
beschwöre. Beide Voraussetzungen sind ungegründet. Wir erin=
nern an die Schweiz, als sich, dort durch innere Gegner und
äußere Nachstellungen bedrängt, der Kantonal= zum Nationalstaat
gestaltete. Gelang ihr Verfassungswerk durch Schonung oder

durch Ueberwältigung des partikularistischen Gebahrens, durch Duldung oder Vertreibung der kleinen aber mächtigen Parteien? Im Schooße der Freiheitsfragen ist dort die Einheitsfrage gereift, aus der Freiheitspartei die Einheitspartei erwachsen. Fort mit den Jesuiten! Beschränkung der Kantonalsouverainetät! war dort deutlich und leserlich auf die patriotischen Fahnen geschrieben. Rafft sich einst das deutsche Volk zu einem nationalen Aufschwung zusammen, so geschieht es auf keinem anderen Wege, unter keinem anderen Zeichen. Man wird den äußeren Feind nicht vertreiben und besiegen, ehe seine Burgen im Innern untergraben und gebrochen sind; und die Sache der Nationaleinheit wird nur gerade ebenso viel muthige Soldaten und aufopferungsfähige Führer zählen, als es für die Interessen der religiösen und bürgerlichen Freiheit mittlerweile Anhänger zu werben gelingt. Befreiung des Familienlebens und der Volkserziehung von dem Theologenzwang, Befreiung der täglichen Arbeit und des täglichen Lebens von dem Korporations- und Polizeizwang, Befreiung der geistigen und materiellen Interessen von dem Büreaukratenzwang: das ist die Parole, woran sich die werkthätige Nationalpartei der Zukunft unterscheiden wird. Wo diese Parole, wie einst in der Paulskirche, nur von den Gelehrten und ihrem nächsten Anhange verstanden, und unter diesen von jedem wieder anders verstanden wurde, mußte sie dem Verfassungswerke nothwendig verderblich werden. Allein unsere Spracheinigung ist seit dem Thurmbau zu Frankfurt mächtig vorangeschritten. Man hat begreifen gelernt, und begreift täglich besser, daß es sich bei der Centralgewalt der Zukunft so wenig um eine Verallgemeinerung der preußischen wie der schwäbischen Büreaukratie, daß es sich dabei überhaupt ebenso wenig um eine büreaukratische als um eine national-parlamentarische Einebnung irgend lebenskräftiger privatrechtlicher oder administrativer Stammeseigenthümlichkeiten handelt. Man hat mischen lernen, und sieht immer besser ein, daß die Grundrechte der Zukunft nur der aufgezwungenen Erhaltung und Verschärfung der Unfreiheit, die sich ohne den Schutz der Staatsgewalt nirgends länger halten würde und dem abgelebten Partikularismus an's Leben gehen.

Auf der Läuterung und Stärkung dieses Bewußtseins beruht nach unserer Ueberzeugung, zum besten Theil auch die Verwirklichung unserer nationalen Hoffnungen. Eine lebendige Diskussion und entschiedene Parteinahme für die religiöse und bürgerliche und jede Art der Freiheit, gilt uns nicht als die unwesentliche, oder gar störende, sondern als die Hauptzuthat jedes patriotischen Parteiprogramms. In dieser Ueberzeugung ist auch die vorliegende Bearbeitung entstanden: möge sie der Sache förderlich sein!

Heidelberg im Februar 1860.

Der Uebersetzer.

Dem Andenken der geliebten Hingeschiedenen, deren Eingebung und Mitwirkung ich Alles verdanke, was an meinen Schriften Werth hat — der Freundin und Gattin, deren hoher Sinn für Wahrheit und Recht mein stärkster Antrieb und deren Zustimmung mein höchster Lohn war — widme ich diese Abhandlung. Wie Alles, was ich seit vielen Jahren geschrieben habe, gehört sie ihr ebenso viel wie mir selbst; doch wurde dem Werke, wie es hier vorliegt, der unschätzbare Vortheil ihrer Durchsicht nur in sehr ungenügendem Grade zu Theil: einige der wichtigsten Abschnitte waren für eine nochmalige sorgfältigere Prüfung zurückgelegt, die sie nun nimmer erhalten sollten. Wäre ich nur fähig, einen Theil der hohen Gedanken und edlen Gefühle wiederzugeben, die in ihrem Grabe ruhen, so würde ich der Welt damit einen größeren Dienst erweisen, als aus Allem, was ich ohne die Anregung und Unterstützung ihrer fast unerreichten Geistesgaben noch schreiben mag, wohl je hervorgehen wird.

1. Kapitel.

Zur Einleitung.

Der Gegenstand dieser Untersuchung ist nicht die sogenannte Willens-Freiheit, wie man sie so ungeschickt der unpassend benannten Lehre von der Natur-Nothwendigkeit entgegensetzt, sondern die bürgerliche oder gesellschaftliche Freiheit: die Natur und Grenzen der Gewalt, die füglich die Gesellschaft über den Einzelnen ausüben sollte. Eine Frage, die grundsätzlich selten aufgeworfen und kaum je erörtert wurde, die jedoch im Stillen auf die praktischen Streitfragen des Zeitalters einen tiefgehenden Einfluß übt, und bald auch offen, als die Lebensfrage der Zukunft, hervortreten dürfte. Die Frage ist so wenig neu, daß sie in gewissem Sinne die Menschheit fast seit den ältesten Zeiten bewegt; allein auf der Entwickelungsstufe, die die gesitteteren Gesellschaftskreise nunmehr erreicht haben, erscheint sie unter neuen Bedingungen, und verlangt daher auch eine anders angelegte und gründlichere Untersuchung.

Der Kampf zwischen Freiheit und Machtgebot bildet den hervorragenden Zug in der Geschichte, womit wir am Frühesten vertraut werden, vorzüglich in der von Griechenland, Rom und England. Freiheit hieß damals Schutz gegen die Vergewaltigung der politischen Machthaber. Diese Machthaber dachte man sich (ausgenommen unter einigen der volksthümlichen Regierungen Griechenlands) in einer nothwendig gegensätzlichen Stellung zu dem Volke, worüber sie Gewalt hatten. Bald war es ein herrschendes Haupt, das andere Mal eine herrschende Horde oder Kaste, deren Machteinfluß aus Ererbung oder Eroberung entsprang, und jedenfalls nicht nach dem Belieben der Beherrschten behauptet wurde; deren Machtvollkommenheit anzutasten man jedoch nicht wagte, vielleicht auch nicht wünschte, welche Vorsichtsmaßregeln auch sonst gegen ihre erdrückende Ausübung beliebt werden mochten. Ihre Gewalt schien nothwendig, zugleich aber höchst gefährlich: eine Waffe, die sie unter Umständen nicht weniger gegen ihre Unterthanen, wie gegen auswärtige Feinde gebrauchen würden. Um die schwächeren Mitglieder der Gemeinschaft gegen die Beutegier zahlloser Geier zu schützen, bedurfte man zwar eines Raubvogels, der, stärker als die übrigen, mit ihrer Niederhaltung betraut wurde. Insofern es jedoch dieser König der Raubvögel nicht weniger auf die Ausbeutung der Heerde absah, als irgend einer der geringeren Beutemacher, war es unumgänglich, daß man sich gegen seinen Schnabel und seine Krallen fortwährend auf der Vertheidigung hielt. Das Streben aller Volksfreunde ging daher auf die Beschränkung der Gewalt, die dem Herrscher über die Gesammtheit zustehen sollte, und diese Beschränkung war es, was man unter Freiheit verstand. Auf zwei Wegen versuchte man dahin zu gelangen. Zunächst, indem man die Anerkennung gewisser Bestimmungen errang, politische Freiheiten oder Rechte genannt, deren Uebertretung für einen Vertrauensbruch des Herrschers gelten, und die, wenn er sie übertrat, eine bestimmte Art des Widerstandes oder eine allgemeine Auflehnung, rechtfertigen sollten. Ein zweites, und gemeinlich späteres Auskunftsmittel war die Einführung constitutioneller Schranken, wonach einige der wichtigsten Handlungen der herrschenden Gewalt an die Zustimmung der Gesammtheit ober irgend einer Körperschaft, von der man eine Vertretung der Gesammtinteressen erwartete, geknüpft wurden. Jener ersten Beschränkung mußte sich mehr oder weniger die herrschende Gewalt in den meisten europäischen Ländern unterwerfen. Nicht so mit der zweiten Art der Beschränkung; sie zu erreichen, oder sofern man schon auf dem Wege, sie vollständiger zu erreichen, wurde nun die Hauptaufgabe aller Freunde der Freiheit. Und so lange sich die Menschheit mit der Bekämpfung eines Feindes durch den andern, und mit der Beherrschung durch Einen Herrn, unter der Bedingung eines mehr oder minder wirksamen Schutzes gegen seine Vergewaltigung zufrieden gab, blieb dieß das Ziel, worüber ihre Bestrebungen nicht hinausgingen.

Im Laufe des gesellschaftlichen Fortschrittes kam jedoch eine Zeit, wo man es nicht länger für eine Naturnothwendigkeit hielt, daß den Herrschern eine unabhängige, und ihrer Natur nach, dem allgemeinen Vortheil entgegengesetzte Gewalt beiwohne. Viel zweckmäßiger schien es, wenn die verschiedenen Staatsbehörden aus beliebig absetzbaren Bevollmächtigten oder Abgeordneten der Gesammtheit hervorgingen. So allein, dachte man, war diese vollkommen sicher, daß die Regierungsgewalt nie zu ihrem Nachtheil mißbraucht würde. Allmälig wurde dieses neue Streben nach wählbaren und nur für eine Zeit angestellten Herrschern, wo nur eine Volkspartei bestand, die Hauptaufgabe dieser Partei, und ersetzte in ausgedehnterem Maaße die früheren Bemühungen um Beschränkung der Regierungsgewalt. Als dann dieser Kampf um die Abhängigkeit der herrschenden Gewalt von der zeitweiligen Wahl der Beherrschten an Boden gewann, wurde da und dort die Meinung laut, daß man der Beschränkung dieser Gewalt an sich zuviel Gewicht beigelegt habe. Darin lag wohl (konnte es scheinen) eine Schutzwehr gegen Herrscher, deren Interessen in der Regel denen des Volkes entgegenstanden. Was man aber nunmehr verlangte, war ja, daß die Herrscher mit dem Volke Eins, daß ihre

Interessen und ihr Wille zum Interesse und Willen der Nation
würden. Gegen ihren eigenen Willen bedurfte aber doch die Nation
keiner Schutzwehren. Es war keine Gefahr, daß sie sich selber
vergewaltige. Waren nur die Herrscher wirklich verantwortlich
und rasch zu beseitigen, so konnte ihnen die Nation jegliche Gewalt
anvertrauen, da sie deren Gebrauch ja selbst vorzuschreiben ver=
mochte. Ihre Gewalt war dann nur die Gewalt der Nation, in
eine für die Anwendung handliche Form zusammengefaßt. — Unter
der letzten Generation des europäischen Liberalismus war diese Art
zu denken, oder vielleicht zu fühlen, ziemlich allgemein verbreitet, und
sie ist auf dem Continent unter dieser Partei, allem Anschein
nach, auch noch heute vorherrschend. Es sind unter den politischen
Denkern des Continents nur wenige hervorleuchtende Ausnahmen,
die irgend eine Beschränkung der Regierungsgewalt zugestehen, aus=
genommen im Falle einer Regierung, die nach ihrer Ueberzeugung
überhaupt nicht bestehen sollte; und eine ähnliche Anschauungsweise
würde wohl zur Zeit auch in unserem eigenen Lande überwiegen,
wenn die Umstände, die dahin drängten, unverändert fortgebauert
hätten.

In politischen und philosophischen Theorien, wie im Einzel=
leben, enthüllt jedoch der Erfolg Fehler und Schwächen, die im
Fall des Mißlingens der Beobachtung vielleicht länger entgangen
wären. Der Begriff, daß die Gewalt, die ein Volk über sich selbst
übt, keiner Beschränkung bedarf, mochte so lange unangreifbar
scheinen, als von einer Volksregierung nur im Traume oder in
den Büchern, als von einer Einrichtung längst vergangener Zeiten,
die Rede war. Auch durch vorübergehende Verwirrungen, wie die
der französischen Revolution, wurde dieser Begriff nicht nothwendig
erschüttert; insoferne, was damals Schlimmes geschah, der Gewalt=
herrschaft einiger Wenigen zur Last fiel, und nicht dem nachhal=
tigen Einfluß volksthümlicher Einrichtungen, vielmehr einem plötz=
lichen und krampfhaften Ausbruch gegen monarchische und aristo=

kratische Vergewaltigung zugeschrieben werden konnte. Mittlerweile hat sich jedoch eine demokratische Republik über einen großen Theil der Erdoberfläche verbreitet und unter der Völkerfamilie als eines ihrer mächtigsten Glieder geltend gemacht. Damit wurde die wählbare und verantwortliche Regierung zum Gegenstand von Beobachtungen und Ausstellungen, wie sie jede gewaltige, bestehende Thatsache zu begleiten pflegen. Man nahm nun wahr, daß Redensarten, wie „Selbstregierung" und „Selbstherrschaft" des „Volkes" nicht den wahren Sachverhalt veranschaulichen. Das „Volk," das die Gewalt ausübt, ist nicht immer dasselbe Volk mit denen, über die diese ausgeübt wird; und die sogenannte „Selbstregierung" ist nicht die Regierung eines Jeden durch Sich selbst, sondern eines Jeden durch alle Anderen. Ueberdem ist der Wille des Volkes thatsächlich gleichbedeutend mit dem Willen des zahlreichsten oder rührigsten Theils des Volkes: mit der Mehrheit oder der Partei, der es gelingt, sich als die Mehrheit aufzudringen. Das Volk kann demnach allerdings die Unterdrückung eines Theils der Gesammtheit im Sinne tragen, und ganz ebensowohl, wie gegen jeden anderen, bedarf es auch der Schutzwehren gegen diesen volksthümlichen Mißbrauch der Gewalt. Die Beschränkung der Regierungsgewalt über die Einzelnen verliert daher nichts von ihrer Bedeutung, wo die Inhaber der Gewalt der Gesammtheit, d. h. der stärksten Partei darunter, zu regelmäßiger Rechenschaft verpflichtet sind. Diese Anschauungsweise empfiehlt sich nicht minder allen denkenden Köpfen, wie den Neigungen jener einflußreichen Klassen der europäischen Gesellschaft, deren wahrem oder vermeintlichem Vortheil die Demokratie entgegen ist; sie hat sich daher auch ohne Schwierigkeit eingebürgert: auch „die Tyrannei der Majorität" zählt nun allgemein unter die Uebelstände, wogegen sich die Gesellschaft zu wahren hat.

Wie andere Tyranneien, wurde aber anfänglich, und wird noch heute die Tyrannei der Majorität hauptsächlich insoferne gefürchtet, als sie sich durch die Handlungen der Staatsgewalt fühlbar macht. Eine schärfere Ueberlegung lehrt jedoch, daß, wenn die Gesellschaft selbst der Tyrann ist — die Gesellschaft als Gesammtheit über die verschiedenen Einzelnen, die sie zusammensetzen — ihre Mittel der Vergewaltigung sich nicht auf die Handlungen beschränken, die sie durch ihre öffentlichen Behörden zu vollführen vermag. Die Gesellschaft hat die Macht, und gebraucht diese, ihre Willensmeinung selbstthätig auszuführen; und wenn sie statt richtige, verkehrte oder überhaupt Willensgebote in Angelegenheiten erläßt, womit sie sich nicht befassen sollte, so übt sie eine gesellschaftliche Tyrannei, die insofern verderblicher als viele Arten der staatlichen Unterdrückung wirkt, als sie sich zwar gewöhnlich nicht so harter Strafen bedient, dagegen aber im Verhältniß weniger Auswege übrig läßt, tiefer in alle Fugen des Lebens eindringt, und die Seele selbst in Bande schlägt. Der Schutz gegen die Vergewaltigung der Behörde ist daher nicht ausreichend: es bedarf auch eines Schutzes gegen die Vergewaltigung der vorherrschenden Meinung und Anschauungsweise; gegen die Neigung der Gesellschaft, ihre eigene Art zu denken und zu verfahren, als allgemeine Lebensregel Allen, die davon abweichen, durch andere Mittel als bürgerliche Strafen, aufzuzwingen; gegen ihr Streben, eine jede mit ihrem eigenen Thun und Treiben nicht übereinstimmende Persönlichkeit in ihrer Entwicklung einzuschnüren, diese, wenn möglich in ihrem Entstehen zu ersticken, und jeden Charakter zu zwingen, daß er sich nach ihrem eigenen Muster bilde. Es gibt eine Grenze, über die die Einmischung der Gesammtmeinung in die persönliche Unabhängigkeit nicht hinausreichen darf, und diese Grenze zu finden und gegen Uebergriffe zu behaupten, ist für einen gedeihlichen gesellschaftlichen Zustand nicht minder unentbehrlich, wie der Schutz gegen den staatlichen Despotismus.

Wenn man aber auch diesen Satz, so allgemein hingestellt, nicht leicht bestreiten wird, so ist doch für die Aufklärung der praktischen Frage, wo man die Grenze ziehen — wie sich persönliche Unabhängigkeit und gesellschaftliche Einschränkung zweckentsprechend ineinander fügen sollen — noch so gut wie Alles zu thun. Was dem Leben eines Jeden Werth verleiht, hängt durchweg davon ab, daß sich die Uebrigen Beschränkungen in der Freiheit ihrer Handlungsweise gefallen lassen müssen. Gewisse Lebensvorschriften müssen daher auferlegt werden; in erster Linie durch das Gesetz, und über viele Dinge, in die das Gesetz nicht wirksam einzugreifen vermag: durch die öffentliche Meinung. Worin diese Vorschriften bestehen sollten, ist eine Hauptfrage — einige der auffälligsten Fälle ausgenommen, aber eine von den Fragen des gesellschaftlichen Lebens, in deren Aufklärung wir noch am Weitesten zurück sind. Es gibt keine zwei Zeitalter und kaum zwei Länder, worin sie in gleicher Weise gelöst wäre; und das eine Zeitalter oder Land sieht mit Befremden, wie sie im anderen gelöst wurde. Trotzdem ist sich aber das Volk eines bestimmten Zeitalters oder Landes der Schwierigkeit ihrer Lösung so wenig bewußt, als ob darüber die Menschheit von jeher einverstanden wäre. Die selbsterwählten Vorschriften hält man auch für selbstredend und selbsteinleuchtend. Es ist diese beinahe allgemeine Täuschung eines der Beispiele des zauberhaften Einflusses der Gewohnheit, die nicht allein, wie das Sprichwort sagt, eine zweite Natur ist, sondern fortwährend mit der ersten verwechselt wird. Und die Wirkung der Gewohnheit, daß sie jeden Zweifel an den Lebensvorschriften, die sich die Gesellschaft gegenseitig auferlegt, niederschlägt, ist hier um so durchgreifender, weil man die Angabe von Gründen, sei es gegen Andere oder gegen sich Selbst, gerade in dieser Frage vielfältig nicht für nöthig erachtet. Man ist gewohnt zu glauben, und dieser Glaube ist durch Einige, die sich zu den Philosophen rechnen, genährt worden, daß in derartigen Fragen Gefühle mehr wiegen als Gründe, und die Gründe überflüssig machen. Was man in der Wirklichkeit zum Leitstern nimmt, um sich über die

Einrichtung der gesellschaftlichen Lebensregeln eine Meinung zu bilden, ist das Gefühl, daß Jedermann so handeln sollte, wie es ein Jeder, und Alle, die mit ihm Eines Sinnes sind, gerne sähen. Niemand gesteht es sich zwar ein, daß er sein eignes Belieben zum Maaßstab seines Urtheils nimmt; eine Meinung über eine Handlungsweise, die nicht durch Gründe unterstützt ist, kann jedoch nur als persönliche Vorliebe gelten; und bei aller Berufung auf die ähnliche Vorliebe anderer Leute, bleibt sie doch immer eine Vorliebe von Vielen, statt von einem Einzelnen. Den meisten Menschen gilt jedoch die eigene, derartig unterstützte, Vorliebe nicht nur für einen vollkommen genügenden Grund, sie ist in der Regel auch ihr einziger Rechtfertigungsgrund für alle die Begriffe von Sittlichkeit, Geschmack oder Anstand, die nicht ausdrücklich in ihrem Glaubensbekenntniß geschrieben stehen, und ihr Hauptschlüssel selbst für die Auslegung dieser letzteren. Auf die Meinungen der Menschen über das, was löblich oder tadelnswerth, wirken daher alle die verschiedenartigen Ursachen ein, die ihre Wünsche in Beziehung auf die Handlungsweise Anderer berühren; und diese sind ganz ebenso zahlreich, wie die Beweggründe, die ihre Wünsche über irgend einen anderen Gegenstand bestimmen. Manchmal ihre Vernunft — ein anderesmal ihre Vorurtheile oder Einbildungen, häufig ihre gesellschaftlichen Neigungen, nicht selten ihre gesellschaftlichen Abneigungen, ihr Neid oder ihre Eifersucht, ihre Anmaßung oder ihr Hochmuth: am häufigsten aber, ihre Wünsche oder Befürchtungen für sich Selbst — ihr gerechtfertigtes oder ungerechtfertigtes Eigeninteresse. Wo immer eine Klasse über alle anderen hervorragt, bildet sich das sittliche Bewußtsein des Landes zum guten Theil nach ihren Vorurtheilen und nach dem Bewußtsein der Ueberlegenheit dieser Klasse. Das Sittengesetz zwischen Spartanern und Heloten, zwischen Pflanzern und Negern, zwischen Fürsten und Unterthanen, zwischen Vornehmen und Pöbel, zwischen Mann und Weib, ist großentheils aus diesen Klasse-Vorurtheilen und Gefühlen erwachsen: und die so erzeugten Anschauungen wirken dann wieder zurück auf das sittliche Gefühl in den gegenseitigen Beziehungen der Mitglieder der hervorragenden Klasse. Wo andererseits eine ehedem hervorragende Klasse ihre Ueberlegenheit einbüßte, oder wo ihre Ueberlegenheit nicht volksthümlich ist, trägt das vorherrschende sittliche Gefühl häufig den Eindruck eines ungeduldig dagegen aneifernden Widerwillens. Einen weiteren entscheidenden Bestimmgrund der gesellschaftlichen Lebensregeln, die das Gesetz oder die Meinung einprägt, sowohl was das Thun als das Unterlassen angeht, gibt die Unterthänigkeit der Menschen gegen die Neigungen oder Abneigungen, die sie bei ihren zeitlichen Herren oder Göttern voraussetzen. Wenn auch wesentlich selbstsüchtig, ist diese Unterthänigkeit doch keine Heuchelei; es ist die Wurzel einer vollkommen aufrichtigen Verabscheuung: Hexen und Ketzer sind darum verbrannt worden. Endlich übt auf die Richtung des sittlichen Gefühls, unter so vielen niedrigeren Bestimmgründen, natürlich auch der allgemeine und augenscheinliche Vortheil der Gesellschaften einen Einfluß, und zwar einen ausgedehnten Einfluß: weniger jedoch in Folge vernünftiger Ueberlegung und um seiner selbst willen, denn als eine Folge der daraus erwachsenen Neigungen und Abneigungen; und daneben wußten sich Neigungen und Abneigungen, die mit dem Vortheile der Gesellschaft nichts gemein hatten, bei der Festsetzung der Sittengesetze nicht minder nachdrücklich geltend zu machen.

Die Neigungen und Abneigungen der Gesellschaft, oder irgend eines mächtigen Bruchtheils derselben, bilden demnach thatsächlich den Hauptbestimmgrund, wonach die Strafgewalt des Gesetzes oder der öffentlichen Meinung die Regeln zur allgemeinen Nachachtung fest setzte. Im Allgemeinen ist dieser Zustand der Dinge auch Seitens derer, die in ihrem Denken und Fühlen der Gesellschaft voraus waren, grundsätzlich nicht angefochten worden, inwieweit sie auch in dieser und jener Einzelfrage damit in Widerstreit gerathen mochten. Sie haben sich eher mit der Untersuchung beschäftigt, wohin sich die Neigungen und Abneigungen der Gesellschaft wenden, als mit der Frage, ob diese Neigungen und Abneigungen für die Einzelnen Gesetz sein sollten. Sie ließen es sich lieber angelegen sein, die Gefühle der Gesellschaft über den bestimmten Punkt, worin sie selbst ketzerisch dachten, umzuwandeln, als mit den Ketzern überhaupt zur Vertheidigung der Freiheit gemeinschaftliche Sache zu machen. Der einzige Fall, wo dieser höhere Standpunkt allgemeiner, und nicht nur von ein Paar zerstreuten Einzelnen, grundsätzlich eingenommen und ausdauernd behauptet wurde, ist der des religiösen Glaubens — ein Fall, der in vielen Beziehungen belehrend ist und nicht am Wenigsten als ein höchst schlagendes Beispiel für die Fehlbarkeit des sogenannten sittlichen Gefühls. Von der Wirkung dieses sittlichen Gefühls ist das Odium theologicum eines aufrichtigen Glaubenseifrers eines der lehrreichsten Beispiele. Diejenigen, die zuerst das Joch der sich so nennenden „Katholischen" Kirche abschüttelten, waren im Allgemeinen sowenig, wie diese Kirche selbst, geneigt, eine Verschiedenheit der religiösen Meinung zu gestatten. Als aber die Hitze des Kampfes vorüber war, ohne daß irgend eine Partei einen vollständigen Sieg errungen hatte, und jede Kirche oder Sekte ihre Hoffnungen auf die Behauptung des bereits eingenommenen Bodens beschränken mußte, sahen sich die Minderheiten, ohne Aussicht zu Mehrheiten zu werden, genöthigt, diejenigen, die sie nicht bekehren konnten, um Duldung ihres abweichenden Glaubensbekenntnisses anzugehen. Auf diesem Schlachtfeld, fast allein, wurden daher die Rechte des Einzelnen gegen die Gesellschaft auf der breiten Unterlage allgemeiner Grundsätze geltend gemacht, und der Anspruch der Gesellschaft, abweichende Ueberzeugungen unter ihren Machtspruch zu zwingen, offen in Frage gestellt. Als ein unveräußerliches Menschenrecht wurde von fast all' den großen Denkern, denen die Welt, was sie an Religionsfreiheit besitzt, zu danken hat, die Gewissensfreiheit geltend gemacht, und jede Verantwortlichkeit des Einen gegen die Anderen in Beziehung auf Glaubenssachen unbedingt abgeläugnet. So tief ist jedoch den Menschen in Allem, was ihnen wirklich am Herzen liegt, die Unduldsamkeit eingefleischt, daß die Religionsfreiheit kaum irgendwo thatsächlich verwirklicht ist, ausgenommen, wo die religiöse Gleichgültigkeit, die sich durch das theologische Gezänk ihren Frieden nicht stören lassen will, ihr Gewicht mit in die Schale geworfen hat. In ihrem Innern verstehen sich zwar alle religiös Gesinnte, selbst in den duldsamsten Ländern, zur Pflicht der Duldsamkeit jedoch mit Einem stillschweigenden Vorbehalt. Der Eine will abweichende Meinungen ertragen, wo es sich um die Regierungsform, doch nicht, wo es sich um die Lehrsätze der Kirche handelt; ein Anderer kann Jedermann ertragen, nur keinen der an dem Papst oder nicht an der Dreieinigkeit hält; ein Dritter, einen Jeden, der an die geoffenbarte Religion glaubt; und einige wenige dehnen ihre christliche Liebe noch etwas weiter aus, — nur nicht über den Glauben an einen Gott und ein Jenseits. Wo immer ein aufrichtiges religiöses Gefühl in der Menschheit lebendig ist, wird man diese Ansprüche an Strenggläubigkeit noch wenig vermindert finden.

In England drückt, nach dem eigenthümlichen Gang unserer Staatsentwickelung, zwar das Joch der Meinung vielleicht schwerer, das des Gesetzes aber leichter, als in den meisten übrigen Ländern Europa's; es besteht hier eine sehr lebendige Eifersucht gegen jede unmittelbare Einmischung der Gesetzgebungs- und Verwaltungsbehörden in das Privatleben: nicht sowohl aus Rechtsachtung vor der Unabhängigkeit des Einzelnen, als wegen der noch nicht erloschenen Gewöhnung, bei der Regierung stets ein dem öffentlichen entgegenstehendes Interesse vorauszusetzen. Die Mehrheit hat noch nicht gelernt, die Gewalt oder die Ansichten der Regierung, als ihre eigne Gewalt und ihre eignen Ansichten zu fühlen. Wenn es einmal dahin kommt, so wird die Einzelfreiheit vermuthlich von der Regierung keine geringeren Anfechtun=

gen zu erleiden haben als schon gegenwärtig von der öffentlichen Meinung. Einstweilen ist jedoch das Gefühl noch sehr verbreitet und lebendig, daß sich gegen jeden Versuch empört, durch das Gesetz die Einzelnen in Dingen zu beschränken, worin man seither eine Beschränkung noch nicht gewohnt war; und zwar ohne viel zu unterscheiden, ob der Gegenstand füglich innerhalb oder außerhalb des Kreises der gesetzlichen Einmischung fällt; in dem Grade, daß ein im Ganzen höchst heilsames Gefühl, in den besonderen Fällen seiner Anwendung vielleicht eben so oft übel angebracht als wohl begründet ist. Von einem anerkannten Grundsatz, wonach man die Zulässigkeit oder Unzulässigkeit einer Regierungseinmischung allgemein zu beurtheilen pflegte, ist nirgends die Rede. Ein jeder entscheidet nach seiner persönlichen Vorliebe. Die Einen würden, wo immer irgend etwas Gutes zu vollbringen, oder irgend einem Uebelstand abzuhelfen ist, am liebsten der Regierung das Geschäft zuschieben; während die Anderen lieber jede Last gesellschaftlicher Uebelstände auf sich nehmen, ehe sich die menschliche Angelegenheiten, die der Regierungseinmischung unterliegen, um ein neues Gebiet erweitern sollten. Ebenso folgt ein Jeder, der sich in einem besonderen Fall auf die eine oder andere Seite stellt, in der Regel nur dieser allgemeinen Richtung seiner Gefühle; oder auch dem Grad von Theilnahme an der besonderen Angelegenheit, worauf sich die Regierung einlassen soll; oder endlich seinem größeren oder geringeren Vertrauen, daß die Regierung dabei nach seinen eigenen Wünschen verfahren werde: sehr selten einer festbegründeten Ueberzeugung über die eigentlichen Aufgaben und Gränzen der Regierungsgewalt. Und wie mir dünkt, geht man in Folge davon nach der einen Seite so oft fehl als nach der andern: die Einmischung der Regierung wird ungefähr ebenso häufig ungebürlich angerufen als ungebürlich zurückgewiesen.

In diesem Versuch stellen wir uns nun die Aufgabe, einen sehr einfachen Grundsatz nachzuweisen, der das Verfahren der

Gesellschaft gegen den Einzelnen auf dem Wege des Zwangs und der Beschränkung unbedingt beherrschen sollte, ob nun die angewandten Mittel in körperlicher Gewalt, in irgend einer gesetzlichen Strafe, oder in den moralischen Zwangsmitteln der öffentlichen Meinung bestehen. Es ist der Grundsatz, daß der einzige Zweck, wofür es der Menschheit, den Einzelnen oder der Gesammtheit, zusteht, sich in die Freiheit des Handelns irgend eines ihrer Mitglieder zu mengen, im Selbstschutze, — die einzige Aufgabe, wofür rechtmäßiger Weise gegen irgend ein Mitglied einer gesitteten Gemeinschaft Gewalt angewendet werden darf, in der Verhütung einer Benachtheiligung Anderer besteht. Das eigene, ob körperliche oder sittliche Wohl Anderer, ist kein genügender Rechtfertigungsgrund. Man kann rechtmäßiger Weise Niemanden zwingen, Etwas zu thun oder zu unterlassen, weil es für ihn selbst, für sein eigenes Glück besser sein würde, weil er, nach der Meinung Anderer, auf diese Weise verständig, oder selbst recht handeln würde. Dies sind ausreichende Gründe, ihm Vorstellungen zu machen, ihn zu überzeugen, zu überreden, zu bitten, nicht aber ihn zu zwingen, oder, falls er anders handelt, mit irgend welchen Uebeln heimzusuchen. Letzteres ist nur zu rechtfertigen, wenn die Handlungsweise, wovon man ihn abzuhalten wünscht, irgend einem Dritten Nachtheil bringt. Nur insoweit ist ein Jeder der Gesellschaft für sein Betragen verantwortlich, als dadurch Andere betroffen werden. Soweit es allein ihn selbst betrifft, ist seine Unabhängigkeit, dem Rechte nach, unbeschränkt. Ueber sich selbst, über den eigenen Körper und die eigene Seele ist der Einzelne Alleinherrscher.

Kaum wird es der Bemerkung bedürfen, daß diese Lehre nur auf den Menschen, sofern er im Vollgenuß seiner Fähigkeiten, Anwendung findet. Wir reden nicht von Kindern, oder jungen Leuten unter dem Alter, welches das Gesetz für die Mündigkeit von Mann oder Weib festsetzt. Wer sich noch in dem Zustand befindet, daß Andere für ihn Sorge tragen müssen, bedarf eines Schutzes sowohl gegen seine eigenen Handlungen, wie gegen äußere Gefährdung. Aus demselben Grund dürfen wir jene ursprünglichen Zustände außer Acht lassen, wo sich die Gesellschaft selbst als noch im Stande der Unmündigkeit betrachten läßt. Die ersten Schwierigkeiten auf dem Wege selbstthätiger Entwicklung sind so bedeutend, daß über die Mittel, sie zu überwinden, kein langes Besinnen gilt; einem Herrscher, der von dem Geiste der Verbesserung erfüllt ist, stehen dann alle Mittel an, wodurch sich ein sonst vielleicht unerreichbares Ziel erreichen läßt. Für die Behandlung eines rohen Urvolkes ist die Gewaltherrschaft die rechte Regierungsweise, sofern sie seine Vervollkommnung zum Zweck hat, und die Mittel durch Erreichung dieses Zweckes thatsächlich gerechtfertigt werden. Die Freiheit, als Grundsatz, erleidet auf den Zustand der Dinge keine Anwendung, der vor der Zeit liegt, wo die Menschen der Vervollkommnung durch die Macht freier und friedlicher Ueberzeugung fähig werden. Bis dahin bleibt ihnen nichts übrig, als die unbedingte Unterwerfung unter einen Akbar oder Karl den Großen, — wenn sie glücklich genug sind, einen zu finden. Sobald jedoch die Menschheit in ihrer Gesittung weit genug vorangeschritten ist, um sich durch Ueberzeugung oder Ueberredung zu ihrer eigenen Vervollkommnung leiten zu lassen (ein Zeitpunkt, den all die Nationen, um die wir uns hier zu kümmern haben, längst erreichten) ist der Zwang, ob er unmittelbar oder in der Form von Leiden und Strafen gegen die Widerspenstigen geübt wird, als ein Mittel zu ihrem eigenen Wohl nicht länger zulässig, und nur noch zum Schutze Anderer gerechtfertigt.

Die Bemerkung ist hier am Platze, daß ich auf jeden Vortheil verzichte, der sich für meine Beweisführung aus dem Begriff eines abstrakten, von der Vorstellung der Nützlichkeit unabhängigen Rechts, ableiten ließe. Mir gilt die Nützlichkeit als der letzte Prüfstein aller ethischen Fragen; doch nur die Nützlichkeit in ihrem weitesten Sinne, sofern sie sich auf den nachhaltigen Vortheil des zur Vervollkommnung bestimmten Menschen gründet. Diese Rücksicht, behaupte ich, rechtfertigt die Unterwerfung der ursprünglichen Eigenwilligkeit der Einzelnen unter eine äußere Beschränkung nur in Beziehung auf diejenigen Handlungen eines Jeden, die die Anliegen anderer Leute betreffen. Sofern Jemand eine für Andere nachtheilige Handlung begeht, eignet sich der Fall von vornherein zu seiner Bestrafung, sei es durch das Gesetz, oder wo gesetzliche Strafen keinen sichern Erfolg verheißen, durch die allgemeine Mißbilligung. Auch zu Handlungen, die für Andere einen unmittelbaren Nutzen bringen, wird man in vielen Fällen mit Recht gezwungen werden können; so zur Ablegung eines Zeugnisses in einem Gerichtshof; zur billigen Betheiligung an der allgemeinen Vertheidigung oder irgend einem anderen gemeinsamen Werke, das für das Gedeihen der Gesellschaft, deren Schutz man genießt, unentbehrlich ist; so zu gewissen Handlungen der Privatwohlthätigkeit, wie beispielsweise unserem Nebenmenschen das Leben zu retten, oder Vertheidigungslose gegen Mißhandlung zu schützen: alles Aufgaben, deren Versäumniß, sofern sie augenscheinlich in eines Jeden Pflicht liegen, mit Recht von der Gesellschaft geahndet würde. Man kann Andern nicht nur durch sein Thun, ebenso auch durch sein Unterlassen Uebel zufügen, und in beiden Fällen ist man ihnen mit Recht für den Schaden verantwortlich. Jedoch erheischt der letztere Fall eine viel vorsichtigere Anwendung des Zwangs als der erstere. Die Verantwortlichkeit für das Uebel, das man Andern zufügt, ist die Regel; die Verantwortlichkeit für das Uebel, dem man nicht vorbeugt, vergleichsweise ausgedrückt, die Ausnahme. Doch gibt es viele gewichtige Fälle, die diese Ausnahme einleuchtend genug rechtfertigen. So ist in allen Dingen, die seine Beziehungen zur Außenwelt betreffen, der Einzelne denjenigen, deren Anliegen dadurch berührt werden, und wenn nöthig, der Gesellschaft als ihrem Schützer, de jure verantwortlich. Es liegen oft gute Gründe vor, ihn nicht bei seiner Verantwortlichkeit festzuhalten; allein diese Gründe müssen aus den besonderen Zweckmäßigkeitsgründen des Falls hervorgehen. Entweder weil die Aufgabe darnach angethan ist, daß sie muthmaßlich im Ganzen besser gelöst wird, wenn man ihn seiner eigenen freien Führung überläßt, statt, daß ihn die Gesellschaft auf irgend einem ihr offenstehenden Weg zu überwachen versucht; oder weil die Uebelstände, die der Versuch einer Ueberwachung hervorrufen würde, schwerer wiegen, als die, die dadurch beseitigt würden. Wo derartige Gründe den Zwang zur Verantwortlichkeit ausschließen, sollte das Gewissen des Handelnden selbst den leeren Richterstuhl einnehmen, und die Interessen Anderer, denen es an einem äußeren Schutze gebricht, mit um so strengerer Waage beschützen, weil sich der Fall vor dem Gerichte der Menschen nicht zur Verantwortung ziehen läßt.

Allein es gibt ein Gebiet des handelnden Lebens, woran die Gesellschaft, im Unterschied von dem Einzelnen, wenn überhaupt eines, nur ein mittelbares Interesse hat: der Inbegriff nämlich all' derjenigen Handlungen, die allein den Urheber berühren, oder soferne sie Andere zugleich berühren, doch nur mit deren freier, absichtlicher und ehrlich erlangter Zustimmung und Mitwirkung. Wenn ich sage: allein den Urheber, so meine ich damit diesen unmittelbar und in erster Linie; denn was nur ihn selbst berührt, kann auch d u r c h ihn Andere berühren; und die Einwürfe, die an diese Möglichkeit geknüpft werden können, werden weiter unten näher erwogen werden. So begränzt sich also der der menschlichen Freiheit zuständige Spielraum. Er begreift zunächst das Feld des inneren Bewußtseins, und erheischt insoweit Gewissensfreiheit im weitesten Sinn: Freiheit der Gedanken und Gefühle; unbedingte Freiheit der Meinung und Empfindung über alle Gegenstände, praktische oder spekulative, wissenschaftliche, sittliche oder theologische. Die Freiheit, seine Meinung zu äußern und zu veröffentlichen, fällt anscheinend unter einen andern Grundsatz, da sie dem Gebiete der Handlungen des Einzelnen angehört, die andere Leute betreffen; sofern sie jedoch an Bedeutung der Gedankenfreiheit fast gleichkommt, und großentheils in denselben Gründen wurzelt, ist sie praktisch davon unzertrennlich. Sodann umschließt jener Grundsatz: die Freiheit des Genießens und Strebens — einer willkürlichen Lebensführung, wie sie unserem eigenen Charakter entspricht, auf unsere eigene Gefahr hin, was auch daraus entspringen mag: ohne durch unsere Mitmenschen, so lange ihnen unsere Handlungsweise keinen Schaden bringt, darin behindert zu werden, sollten sie unser Betragen auch für noch so unverständig, unvernünftig oder unrecht halten. Endlich folgt aus der Freiheit jedes Einzelnen: die Vereinsfreiheit, d. h. die Freiheit sich mit Anderen innerhalb derselben Schranken, d. h. sofern ihnen dadurch kein Nachtheil geschieht, für irgend welche Zwecke zu vereinigen: unter der Voraussetzung, daß nur Mündige, und Keiner unfreiwillig oder unter falschen Vorwänden in den Verein gezogen wird.

Keine Gesellschaft, worin diese Freiheiten in der Hauptsache nicht geachtet sind, ist frei, welches auch ihre Regierungsform sei; und keine ist vollkommen frei, worin sie nicht unbedingt und ohne Beschränkung gelten. Die Freiheit, die allein den Namen verdient, liegt darin, daß wir unser eigenes Glück auf unsere eigene Weise suchen; von Andern ungestört, so lange wir ihnen das ihrige nicht verkümmern, und ihren Bemühungen, es zu erreichen, nicht in den Weg treten. Ein Jeder ist der eigene Wächter seiner eigenen Körper-, Gemüths- und Geistes-Gesundheit. Die Menschheit gewinnt mehr dabei, wenn sie einem Jeden gestattet, nach eigenem Gutdünken zu leben, als wenn sie einen Jeden zwingt, nach dem Gutdünken der Uebrigen zu leben.

Obgleich diese Sätze nichts weniger als neu sind, und Manchem als Gemeinplätze erscheinen mögen, so ist doch keine Lehre, die der allgemeinen Richtung der bestehenden Meinungen und Gewöhnungen schroffer entgegenstände. In der That hat die Gesellschaft (nach dem Maaße ihrer Einsicht) völlig ebensoviel Kraft verschwendet, die Menschen nach dem Begriffe ihrer persönlichen, als ihrer gesellschaftlichen Vollkommenheit zuzustutzen. In der alten Welt hielt sich der Staat für berechtigt, das Privatleben nach allen Richtungen zu maßregeln, und die alten Weltweisen stimmten dem in der Meinung bei, daß an der gesammten körperlichen und geistigen Erziehung eines jeden seiner Bürger der Staat am Meisten betheiligt sei. In jenen kleinen Freistaaten mochte diese Anschauungsweise vielleicht auch zulässig sein; von mächtigen Feinden umgeben, und in steter Gefahr, durch äußere Angriffe oder innere Erschütterungen zu erliegen, konnte hier selbst ein vorübergehender Nachlaß in der Anspannung und dem Zusammenhalt der Kräfte so verderblich wirken, daß man sich auf die wohlthätigen nachhaltigen Wirkungen der Freiheit nicht so unbedingt verlassen durfte. In der neueren Welt sind zugleich die Staaten von ungleich größerem Umfang, und ist vor Allem die geistige und weltliche Herrschaft geschieden (eine Trennung, die die Führung der Gewissen und der Staatsangelegenheiten in verschiedene Hände legt), und ist man daher auch einer ähnlich weit gehenden Einmischung des Gesetzes in die Angelegenheiten des Privatlebens entgangen. Allein die moralischen Zwangsmittel wurden hier sogar eifriger ausgebeutet, wo immer der Einzelne von der herrschenden Meinung nicht sowohl in gesellschaftlichen als in seinen eigenen Angelegenheiten abzuweichen wagte: fast überall wurde die mächtigste unter allen Kräften, die auf die Entwicklung des moralischen Gefühls einen Einfluß üben, die Religion, entweder dem Ehrgeiz einer Hierarchie, die sich mit ihrer Aufsichtsgewalt in jedes Gebiet der Lebensführung eindrängte, oder dem Geiste finsterer Sittenstrenge unterthan. Auch unter jenen neueren Weltverbesseren, die den Religionen der Vergangenheit am schroffsten gegenübertreten, sind Viele in ihren Ansprüchen auf Gewissensherrschaft in keiner Weise, sei es hinter Kirchen oder Sekten, zurückgeblieben: insbesondere gilt dies von A. Comte, dessen Gesellschaftsplan, wie ihn der traité de politique positive darlegt, eine

Gewaltherrschaft der Gesellschaft über den Einzelnen, (wenn auch mehr durch sittliche als durch gesetzliche Vorkehrungen) in Aussicht nimmt, die das politische Ideal des strengsten Zuchtmeisters unter den alten Weltweisen noch weit übertrifft.

Abgesehen von den eigenthümlichen Anschauungen einzelner Denker zeigt sich aber auch in der Gesammtheit eine wachsende Neigung, die Gewalt der Gesellschaft über den Einzelnen, sowohl durch die Macht der öffentlichen Meinung, als durch die der Gesetzgebung ins Ungehörige auszudehnen; und sofern alle in der Welt vorgehenden Veränderungen auf eine Stärkung der Gesellschaft und auf eine Schwächung der Macht des Einzelnen hinarbeiten, gehören auch diese Uebergriffe zu den Uebelständen, die nicht etwa wieder von selbst verschwinden werden, die im Gegentheil stets gefährlicher zu wachsen drohen. Der Hang des Menschen, seine eigenen Meinungen und Neigungen, ob als Herrscher oder Mitbürger, Anderen als Regel ihre Lebensführung aufzubringen, wird durch einige der besten und einige der schlechtesten Gefühle, die der menschlichen Natur innewohnen, so kräftig unterstützt, daß ihn kaum je etwas Anderes, als der Mangel an Macht, zu zügeln vermag; und da diese Macht nicht im Abnehmen, sondern im Zunehmen ist, so steht uns, falls sich nicht eine starke Schranke sittlicher Ueberzeugungen dagegen aufrichten läßt, unter den gegebenen Lebensverhältnissen, sein immer weiteres Uebergreifen in Aussicht. —

Es wird unserer Beweisführung zu Statten kommen, wenn wir statt alsbald auf die Aufgabe im Allgemeinen einzugehen, vorerst den Theil derselben in's Auge fassen, worin der hier aufgestellte Grundsatz, wenn nicht vollständig, doch bis zu einem gewissen Punkte, bereits anerkannt und geläufig ist. Dieser Theil ist die Gedankenfreiheit: wovon sich die verwandte Freiheit der Meinungsäußerung durch Wort und Schrift unmöglich trennen läßt. Obgleich diese Freiheiten, in weitem Umfang, in all' den Ländern, die sich zu religiöser Duldung und freien Einrichtungen bekennen, einen Bestandtheil des politischen Sittengesetzes bilden, so sind doch die Gründe, worin sie wurzeln, die philosophischen wie die praktischen, dem allgemeinen Bewußtsein lange nicht so vertraut, und selbst vielen unter den Führern der Meinung nicht so in Fleisch und Blut übergegangen, wie man wohl erwarten sollte. Richtig verstanden, erleiden diese Gründe eine viel ausgedehntere Anwendung, als nur auf die zunächst vorliegende Frage; ihre gründliche Erörterung wird sich daher als die beste Einleitung für das Uebrige erweisen. Darin liegt auch meine Entschuldigung, wenn sich in dem, was ich zunächst vorbringe, wenig Neues findet, und wenn ich überhaupt über einen Gegenstand, der nun seit drei Jahrhunderten so oft erörtert wurde, eine nochmalige Erörterung wage.

2. Kapitel.

Ueber die Gedanken- und Redefreiheit.

Die Zeit ist hoffentlich vorüber, wo es noch einer Vertheidigung der „Preßfreiheit," als einer der Schutzwehren gegen eine verderbte oder gewaltthätige Regierung bedurfte. Jede Widerlegung, dürfen wir annehmen, ist gegenwärtig überflüssig, als ob es einer Gesetzgebung oder Verwaltung gestattet sein dürfte, dem Volke, mit dessen Interessen sie nicht übereinstimmt, Meinungen vorzuschreiben, und zu verfügen, auf welche Lehren oder Beweisgründe es hören soll. Von dieser Seite ist überdem die Frage von früheren Schriftstellern so oft, so eindringlich und siegreich beleuchtet worden, daß wir an dieser Stelle nicht noch besonders darauf einzugehen brauchen. Obgleich die englische Gesetzgebung über die Presse zur Stunde noch ebenso unterthänig ist, wie zu Zeiten der Tudor's, ist doch wenig Gefahr, daß man sich zur Unterdrückung der politischen Redefreiheit darauf stützen sollte; ausgenommen vorübergehend, zur Zeit eines blinden Schreckens, wenn die Furcht vor einem Aufstand Minister und Richter den Kopf verlieren läßt.*) Ueberhaupt ist es in constitutionellen Ländern nicht

---

*) Diese Worte waren kaum niedergeschrieben, als, um sie gleichsam ausdrücklich zu widerlegen, die Preßverfolgungen durch die Regierung

zu befürchten, daß die Regierung, ob sie nun dem Volke mehr oder weniger vollständig verantwortlich ist, eine Beschränkung der freien Meinungsäußerung häufig versuchen sollte, es sei denn, daß sie dabei nur das Werkzeug für die allgemeine Unduldsamkeit der Menge abgibt. Nehmen wir demnach an, die Regierung sei mit dem Volke durchaus einverstanden, und denke an keinerlei Anwen-

---

a. d. J. 1858 vorfielen. Diese übelberathene Einmischung in die öffentliche Redefreiheit konnte mich jedoch nicht bestimmen, auch nur ein Wort im Texte zu ändern, noch ist dadurch meine Ueberzeugung irgendwie erschüttert worden, daß, Augenblicke eines blinden Schreckens ausgenommen, das Zeitalter der Leiden und Strafen für politische Uebervergehen in unserem Lande vorüber ist. Denn erstlich beharrte man nicht bei jenen Verfolgungen, und zweitens waren es nie im eigentlichen Sinne politische Verfolgungen. Das angeschuldigte Vergehen bestand nicht in der Kritik der Einrichtungen oder der Handlungen oder Personen der Regierung, sondern in der Verbreitung der für unsittlich erachteten Lehre: der Zulässigkeit des Tyrannenmords.

Wenn nun die Beweisgründe des vorliegenden Kapitels irgend Werth haben, so müßte die vollste Freiheit bestehen, sich zu jeder Lehre, als Frage der innern Ueberzeugung, zu bekennen und sie zu besprechen, für so unsittlich man sie sonst halten mag. Prüfen, ob die Lehre vom Tyrannenmord diese Bezeichnung verdient, würde daher an dieser Stelle nicht passen und nichts beweisen. Ich begnüge mich mit der Andeutung, daß der Gegenstand zu allen Zeiten unter die offenen Fragen der Moral gehörte; daß die Handlung eines einfachen Bürgers, wenn er einen Verbrecher erschlägt, der, indem er sich über das Gesetz stellt, dem Bereiche der gesetzlichen Bestrafung entronnen ist, in den Augen ganzer Nationen nicht als ein Verbrechen, sondern als eine Handlung der erhabensten Aufopferung galt; und daß sie, ob recht oder unrecht, nicht die Züge des Mords, sondern des Bürgerkriegs trägt. Als solche kann, nach meiner Ansicht, die Aufreizung dazu, in einem besonderen Fall, zur Bestrafung geeignet sein, aber nur, wenn ein thatsächlicher Versuch die Folge davon war, und wenigstens eine wahrscheinliche Verbindung zwischen dem Versuche und der Aufreizung nachgewiesen werden kann. Und auch dann darf mit Fug, nicht eine fremde Regierung, sondern nur die angegriffene Regierung selbst, zu ihrer Selbstvertheidigung, die gegen ihr eigenes Dasein gerichteten Angriffe bestrafen.

dung ihrer Zwangsgewalt, ausgenommen in Uebereinstimmung mit
dem, was sie für die Volksstimme hält. So bestreite ich dem
Volke das Recht, eine solche Gewalt, ob selbstthätig oder durch
seine Regierung, auszuüben. Die Gewalt selbst ist eine angemaßte. Die beste Regierung hat nicht mehr Recht darauf als
die schlechteste. Sie ist ebenso schädlich oder schädlicher, wenn sie
in Uebereinstimmung, als wenn sie im Widerspruch mit der öffentlichen Meinung ausgeübt wird. Wenn alle Menschen weniger
Einem, von derselben, und ein Einziger der entgegengesetzten Meinung wäre, so wäre die Menschheit nicht mehr berechtigt, diesem
Einen den Mund zu stopfen, als er, wenn er die Macht hätte,
berechtigt wäre, der Gesellschaft Stillschweigen aufzuerlegen. Wenn
eine Meinung, ausgenommen für den Eigenthümer, ein werth-
loses Besitzthum wäre, wenn eine Störung in ihrem Genuß nur
den Einzelnen benachtheiligen hieße, so würde es einigen Unterschied machen, ob der Nachtheil nur einigen Wenigen oder Vielen
zugefügt würde. Allein der eigenthümliche Nachtheil der Unterdrückung einer Meinung besteht darin, daß dadurch die menschliche
Gattung beraubt wird: die Nachwelt so gut wie die lebende
Generation, die von der Meinung abweichen noch mehr, als die
sie theilen. Man beraubt dadurch, wenn die Meinung richtig ist,
die Gesammtheit der Gelegenheit den Irrthum mit der Wahrheit
zu vertauschen; ist sie aber irrig, so verliert man den kaum
geringeren Vortheil der deutlicheren Wahrnehmung und des leb-
hafteren Eindrucks der Wahrheit, wie er aus ihrem Widerstreit
mit dem Irrthum hervorgeht.

Wir können nie sicher sein, ob die Meinung, die wir zu ersticken versuchen, eine falsche Meinung ist; und wären wir darüber
sicher, so wäre ihre Erstickung um nichts weniger ein Uebel: jede
dieser Möglichkeiten ist besonders zu betrachten, sofern einer jeden
ein besonderer Zweig der Beweisführung entspricht.

Erstens: die Meinung, welche man durch ein Machtgebot zu

unterdrücken verfucht, kann möglicherweife wahr fein. Die fie zu unterdrücken wünfchen, läugnen natürlich ihre Wahrheit; allein fie find nicht unfehlbar. Sie haben keine Vollmacht, die Frage für die ganze Menfchheit zu entfcheiden, und jedem Anderen die Mittel, fich ein Urtheil zu bilden, abzufchneiden. Einer Meinung Gehör zu verweigern, weil fie gewiß find, daß fie falfch ift, heißt annehmen, daß ihre Gewißheit mit unbedingter Gewißheit Eins ift. Jede Unterdrückung der freien Meinungsäußerung heißt Unfehlbarkeit beanfpruchen:¹ mit diefem landläufigen, und darum um nichts fchlechterem Beweisgrund ift ihre Verwerflichkeit hinreichend erwiefen.

Zum Unglück für das gefunde Urtheil der Menfchen befitzt die Thatfache ihrer Fehlbarkeit, wenn fie wirklich urtheilen, entfernt nicht das Gewicht, das ihr in der Theorie bei jeder Gelegenheit zugeftanden wird. Während ein Jeder feine Fehlbarkeit recht wohl kennt, find nur Wenige, die es für nöthig halten, fich gegen ihre eigne Fehlbarkeit vorzufehen, oder die die Annahme zugeben, daß irgend eine Meinung, die ihnen ganz gewiß dünkt, möglicherweife gerade ein Fall des Irrthums ift, dem fie nach ihrem eigenen Zugeftändniß unterworfen find. Fürftliche Alleinherrfcher, oder wer fonft an unbedingten Gehorfam gewöhnt ift, fühlen gewöhnlich diefe vollftändige Zuverficht in ihre eigenen Meinungen über faft alle Gegenftände. Wer in günftigerer Lage mitunter einen Widerfpruch gegen feine Meinung erfährt, und einigermaßen an eine Berichtigung feiner verkehrten Anfichten gewöhnt ift, fetzt doch ein gleich unbefchränktes Vertrauen auf diejenigen feiner Meinungen, die von feiner ganzen Umgebung, oder von dem Kreife, womit er gewöhnlich verkehrt, getheilt werden. Im Verhältniß nämlich als Jemand feinem eigenen, vereinzelten Urtheil weniger vertraut, baut er gewöhnlich mit unbedingterer Hingabe auf die Unfehlbarkeit „der Welt" im Allgemeinen. Und die Welt bedeutet für jeden Einzelnen den Theil derfelben, womit er in Berührung kommt; feine

Partei, seine Sekte, seine Kirche, seine Klasse, seine Gesellschaft. Den Mann möchte man vergleichsweise fast freisinnig und großherzig nennen, der den Begriff auf sein eignes Land und sein eigenes Zeitalter ausdehnt. Auch wird die Zuversicht in diesen Gesammtmachtspruch nicht im Geringsten durch die Einsicht erschüttert, daß andere Zeitalter, Völker, Sekten, Kirchen, Klassen, und Parteien das gerade Gegentheil dachten, und noch heute denken. Auf seine eigne Welt wälzt ein Jeder die Verantwortlichkeit für die Richtigkeit seiner Ansichten gegen die widersprechenden Welten anderer Leute, und ihn kümmert es nicht, daß für diejenigen unter diesen vielen Welten, worauf er selbst vertraut, der bloße Zufall entschieden hat, und daß dieselben Ursachen, die ihn in London zu einem Kirchlichgesinnten stempeln, ihn in Peking zu einem Anhänger von Buddha oder Confucius gestempelt hätten. Dennoch ist es so selbsteinleuchtend, als es durch irgend einen Aufwand von Gründen erwiesen werden könnte, daß die Zeitalter sowenig unfehlbar sind, wie die Einzelnen; in jedem Zeitalter galten eine Menge von Meinungen, die folgende Zeitalter nicht nur für irrig, sondern für thöricht halten; und ebensogewiß als viele, ehedem allgemeine Meinungen, von der Gegenwart verworfen werden, wird auch manche, nunmehr allgemeine Meinung, von zukünftigen Zeitaltern verworfen werden.

Der Einwurf, den man wahrscheinlich gegen diese Beweisführung vorbringen wird, würde sich muthmaßlich ungefähr in folgender Art auslassen. Wenn man die Verbreitung des Irrthums verbiete, so liege darin kein größerer Anspruch auf Unfehlbarkeit, als wenn die öffentliche Gewalt in irgend einer anderen Sache nach eigenem Urtheil und auf eigene Verantwortlichkeit handele. Die Urtheilskraft sei den Menschen gegeben, damit sie sich ihrer bedienen. Daß man sie irrig gebrauchen kann, beweise doch nicht, daß man sie überhaupt nicht gebrauchen sollte? Wenn man verbiete, was man für verderblich hält, so mache man damit nicht

Anspruch auf ein nie irrendes Urtheil, man erfülle nur die uns Menschen, obgleich fehlbar, obliegende Pflicht, nach unserer gewissenhaften Ueberzeugung zu handeln. Wollten wir niemals nach unseren Meinungen handeln, weil diese Meinungen möglicherweise verkehrt sind, so würden wir alle unsere Angelegenheiten im Argen, und alle unsere Pflichten unerfüllt lassen. Ein Einwurf der für unsere gesammte Handlungsweise nicht zutreffe, könne auch keinen begründeten Einwurf gegen unsere Handlungsweise im Besonderen abgeben. Es sei die Pflicht der Regierungen und der Einzelnen, sich möglichst richtige Meinungen zu bilden, sie sorgfältig zu bilden und sie Anderen niemals aufzuerlegen, außer wo sie sich mit voller Sicherheit im Rechte wüßten. Sei man aber darüber sicher (mag man dann weiter folgern) so sei es nicht die Gewissenhaftigkeit sondern die Feigheit, die davor zurückscheue, ihren Meinungen gemäß auch zu handeln, und die zugebe, daß Lehren, die man in seinem Gewissen für das menschliche Wohl, sei es in diesem oder einem andern Leben, für verderblich hält, ungehindert ausgestreut würden, weil etwa die Menschen früher, in weniger erleuchteten Zeiten, Meinungen verfolgten, die man gegenwärtig für wahr halte. Laßt uns Sorge tragen, kann man sagen, daß wir nicht in denselben Irrthum verfallen; Regierungen und Nationen haben in anderen Dingen Irrthümer begangen, die man darum ihrem Machtgebot doch nicht weniger für unterthan erachtet: sie haben schlechte Steuern auferlegt, ungerechte Kriege geführt — sollten wir deßwegen etwa keine Steuern mehr auferlegen, und, trotz jeder Kränkung, keine Kriege mehr führen? Menschen und Regierungen müssen nach ihrem besten Wissen handeln. Etwas, wie unbedingte Gewißheit giebt es nicht; es giebt aber einen Grad von Zuverläßigkeit, der für die Zwecke des menschlichen Lebens ausreicht. Wir dürfen und müssen unsere Meinung für wahr halten, wenn wir sie zum Leitstern unserer eigenen Handlungsweise wählen: und mehr maßen wir uns nicht an, wenn wir böse Menschen daran hindern, die Gesellschaft durch die Verbreitung von Meinungen zu verderben, die wir für irrig und nachtheilig halten.

Ich antworte darauf, daß darin eine ungleich größere Anmaßung liegt. Es ist ein gewaltiger Unterschied, ob wir eine Meinung für wahr halten, weil sie, bei aller Gelegenheit sie zu bekämpfen, nicht widerlegt wurde, oder ob wir sie zu dem Zwecke für wahr annehmen, um ihre Widerlegung unmöglich zu machen. Vollkommene Freiheit des Widerspruchs und der Mißbilligung unserer Meinung ist gerade die Bedingung, die uns ihre Wahrheit für die Zwecke des handelnden Lebens gewährleistet; und vernünftigerweise kann sich nur unter dieser Voraussetzung ein Wesen mit menschlichen Fähigkeiten überhaupt darauf verlassen, daß es im Rechte ist.

Woher rührt es, wenn wir sei es die Geschichte der Meinungen oder die tägliche Lebensführung betrachten, daß die eine und andere nicht schlimmer sind, als sie sind? Sicherlich nicht von der natürlichen Stärke des menschlichen Verstandes: über einen Gegenstand, der nicht von selbst einleuchtet, giebt es auf Einen, der ihn zu beurtheilen versteht, Neunundneunzig, die dazu vollkommen unfähig sind, und auch von der Befähigung des Hundertsten läßt sich nur vergleichsweise reden. Unter den bedeutenden Männer der vergangenen Geschlechter war die Mehrzahl in sehr vielen Dingen einer Meinung, die man nun für irrig erkennt, und vollbrachte oder billigte gar manches, was heutzutage Niemand mehr rechtfertigen wird. Woher also das Uebergewicht vernünftiger Meinungen und vernünftiger Handlungsweise, das sich in der Menschheit im Ganzen vorfindet? Wenn dieses Uebergewicht wirklich besteht — und es muß sich vorfinden, sonst sind und wären von jeher die menschlichen Angelegenheiten in einem beinahe verzweifelten Zustande — so verdankt man es einer Eigenschaft der menschlichen Seele, woraus Alles entspringt, was an dem Menschen, sei es als Verstandes= oder sittliches Wesen Achtung verdient: daß er nämlich seine Irrthümer zu verbessern vermag. Er ist fähig, jede Verkennung der Wahrheit durch Meinungsverkehr und Erfahrung zu berichtigen. Nicht durch Erfahrung allein. Es bedarf des Meinungsverkehrs, um zu zeigen, wie man sich die Erfahrung auszulegen hat. Verkehrte Meinungen und Verfahrungsweisen weichen allmälig vor Thatsachen und Beweisen: aber Thatsachen und Beweise, wenn sie auf den Geist überhaupt wirken sollen, müssen vor ihm ausgebreitet werden. Nur wenige Thatsachen vermögen ihre Geschichte selbst zu erzählen, ohne Hülfe von Erläuterungen, die uns ihren Sinn erst klar machen. Sofern demnach die ganze Stärke und der ganze Werth des menschlichen Urtheils von der einen Eigenschaft abhängt, daß man es, wenn irregeleitet, zu berichtigen vermag, so kann man sich auch nur dann darauf verlassen, wenn man die Mittel, es zu berichtigen, beständig zur Hand hält. Nehmen wir irgend Jemand, dessen Urtheil wirklich Vertrauen verdient, wem hat er es zu danken? Daß er den Tadel seiner Meinungen und Handlungen unbefangen auf sich wirken ließ; daß er auf Alles, was gegen ihn vorgebracht werden konnte, sorgfältig aufmerkte, davon Vortheil zog, soweit es gerecht war, und sofern es nicht Stich hielt, mit sich selbst und gelegentlich mit Anderen darüber zu Rath ging; daß er sich bewußt blieb, wie sich der Mensch auf keinem anderen Wege der vollständigen Erkenntniß eines Gegenstandes zu nähern vermag, als wenn er Allem, was von Personen jedwelcher Meinungsschattirung darüber vorgebracht werden kann, Gehör schenkt, und sich mit allen Gesichtspunkten, wovon die Andern, je nach ihrer Sinnesart die Sache auffassen, vertraut macht. Kein Verständiger hat seine Weisheit je auf anderem Wege erworben, und es liegt auch nicht in der Natur unseres Erkenntnißvermögens, auf einem anderen Wege weise zu werden. Die stete Gewöhnung, die eigne Meinung durch Gegenüberstellung fremder Meinungen zu verbessern und zu vervollständigen, weit entfernt die Entschiedenheit des Handelns durch Zweifel und Zaudern zu verwirren, ist die einzig feste Grundlage, worauf sich diese vernünftigerweise gründen kann. Denn vertraut mit Allem, was, wenigstens offenkundig, gegen uns vorgebracht werden kann, und im bewußten Gegensatz gegen jeden Widerspruch — im Bewußtsein ferner, daß wir die Einwürfe und Schwierigkeiten aufsuchten, statt ihnen auszuweichen, und daß wir kein Licht, das von irgend einer Seite her den Gegenstand erhellen konnte, auszuschließen strebten — fühlen wir auch ein Recht, unser Urtheil für richtiger zu halten, als das irgend einer Person, oder einer Menge, die sich dem ähnlichen Verfahren nicht unterzogen hat.

Was aber die Verständigsten und Urtheilsfähigsten für nöthig finden, um ihr Vertrauen auf ihr eignes Urtheil zu rechtfertigen, kann auch jener bunten Menge, von wenigen Verständigen und vielen Thörichten, das Publikum genannt, ohne ihnen zu nahe zu treten, zur Pflicht gemacht werden. Hat doch sogar die unduldsamste unter allen, die römisch=katholische Kirche, wenn sie einen Heiligen kanonisirt, geduldiges Gehör für einen „Teufelsadvokaten." Der heiligste Mann kann, scheint es, in einer andern Welt nicht eher zu seinen Ehren kommen, bis Alles, was der Teufel gegen ihn vorzubringen weiß, offenbar und erwogen wurde. Selbst einer Newton'schen Weltanschauung würden die Menschen nicht den unbedingten Glauben schenken, wenn man sie nicht in Frage stellen dürfte. Unsere verbürgtesten Meinungen verdanken ihre ganze Zuverlässigkeit der Voraussetzung, daß sie den Angriffen aller Welt jederzeit offenstanden. Wird die Herausforderung nicht angenommen, oder wird sie angenommen, und der Angriff schlägt fehl, so sind wir zwar von der Gewißheit noch weit genug; wir haben aber dann doch gethan, was nur in der gegebenen Lage der menschlichen Vernunft möglich war; wir haben nichts vernachläßigt, wodurch die Wahrheit möglicherweise zu uns bringen konnte: bleiben nur die Schranken offen, so dürfen wir hoffen, daß die bessere Wahrheit, wenn sie überhaupt zu finden ist, sobald der menschliche

Geist dafür empfänglich wurde, auch gefunden werden wird; und dürfen mittlerweile darauf bauen, daß wir der Wahrheit so nahe kamen, als es in unseren Tagen überhaupt möglich war. Dieß ist der Grad von Gewißheit, den der, dem Irrthum unterworfene Mensch erreichen kann, und dieß der einzige Weg, um ihn zu erreichen.

Es ist doch wunderlich, daß man zwar die Stichhaltigkeit der Beweisgründe für die freie Meinungsäußerung zugiebt, aber doch zugleich Einsprache thut, daß sie „auf die Spitze getrieben werden", und dabei ganz übersieht, daß die Gründe, wenn sie für einen äußersten Fall nicht ausreichen, überhaupt nicht ausreichen. Oder wie reimt es sich, daß man auf Unfehlbarkeit keinen Anspruch zu machen glaubt, wenn man zugesteht, daß Freiheit der Meinungsäußerung über alle möglicherweise **zweifelhaften** Gegenstände bestehen sollte, dagegen aber doch meint, daß irgend ein besonderer Grundsatz, irgend eine bestimmte Lehre nicht in Frage gestellt werden dürfe, weil sie so **sicher sei** — das heißt, weil **man sicher ist, daß sie sicher ist**. Eine Behauptung sicher nennen, während Jemand da ist, der, wenn es erlaubt wäre, ihre Sicherheit anfechten würde, und diesem die Erlaubniß versagen, heißt annehmen, daß uns selbst und denen, die mit uns übereinstimmen, über ihre Sicherheit das Richteramt zusteht, und zwar das Richteramt, ohne die andere Partei zu hören.

In unserem Zeitalter — das man als „des Glaubens baar, aber von Zweifelsucht geängstigt" geschildert hat, wo sich die Menschen sicher fühlen, nicht sowohl der Wahrheit ihrer Meinungen, als daß sie ohne dieselben nicht was zu beginnen wüßten — stützt man die Ansprüche einer Meinung auf Schutz gegen öffentliche Anfechtungen, nicht so sehr auf ihre Wahrheit, als auf ihre Bedeutung für die Gesellschaft. Gewisse Glaubenssätze, führt man an, seien für die Wohlfahrt so nützlich, um nicht zu sagen unentbehrlich, daß ihre Aufrechthaltung ganz ebenso in der Pflicht der Regierungen liege, wie die Beschützung irgend anderer gesellschaftlicher Anliegen. In so dringlichen, und auf der Linie ihrer Pflicht so bestimmt vorgezeichneten Fällen müsse, behauptet man, etwas weniger als Unfehlbarkeit genügen, um die Regierungen zu berechtigen, ja zu verpflichten, daß sie ihre eigene, und durch die Gesellschaft allgemeine unterstützte Meinung zur Richtschnur nehmen. Häufig behauptet, und noch häufiger denkt man auch, daß nur schlechte Menschen darauf ausgehen könnten, diese heilsamen Glaubenssätze zu erschüttern; und darin, meint man, könne nichts Arges liegen, daß man die Schlechten im Zaum hält und an Etwas verhindert, was nur ihnen am Herzen liegt. Durch diese Art zu denken, wird dann die Rechtfertigung der Beschränkungen der freien Meinungsäußerung zu einer Frage, nicht der Wahrheit, sondern der Nützlichkeit der betreffenden Lehren, und damit schmeichelt man sich, der Verantwortlichkeit für den Anspruch auf ein unfehlbares Gericht über Meinungen zu entrinnen. Wer sich jedoch damit beruhigt, übersieht, daß dann der alte Anspruch auf Unfehlbarkeit nur unter einem neuen Vorwande erhoben wird. Die Nützlichkeit einer Meinung ist selbst Sache der Meinung: ebenso bestreitbar, und der Widerrede ebenso offen und bedürftig, wie die Meinung selbst. Es bedarf nicht minder eines unfehlbaren Richters, um über die Schädlichkeit, wie um über die Irrigkeit einer Meinung zu entscheiden, es sei denn, daß man der verurtheilten Meinung volle Gelegenheit zur Vertheidigung gewährte. Auch der Einwand fruchtet nicht, daß man dem Andersgläubigen zwar die Nützlichkeit oder Unschädlichkeit seiner Meinung zu behaupten, gestatten, dagegen ihre Wahrheit zu behaupten, untersagen sollte. Die Wahrheit einer Meinung ist ein Theil ihrer Nützlichkeit. Läßt sich, wenn wir zu wissen verlangen, ob es wünschenswerth ist oder nicht, daß man einer Behauptung glaube, die Erwägung ausschließen, ob sie wahr ist oder nicht? In der Meinung nicht der schlechten, sondern der besten Menschen kann kein Glaube, der der Wahrheit widerspricht, je wahrhaft nützlich sein: und es soll nicht gestattet sein, diesen Gesichtspunkt geltend zu machen, wenn man uns verklagt, die Lehre zu lästern, die man als nützlich preist, die wir jedoch für falsch halten? Unter den Anhängern hergebrachter Meinungen pflegt man diesen Gesichtspunkt doch nach Möglichkeit auszubeuten; sie pflegen mit der Frage der Nützlichkeit nicht so umzuspringen, als wenn sich diese vollständig von der Wahrheit trennen ließe; im Gegentheil, die Kenntniß oder der Glaube an ihre Lehren soll gerade darum für so unentbehrlich gelten, weil sie „die Wahrheit" ist. Wo man einen so entscheidenden Beweisgrund nur auf der einen, und nicht auch auf der andern Seite gelten läßt, kann auch von keinem ehrlichen Meinungskampf über die Frage der Nützlichkeit die Rede sein. Und in der That, wo das Gesetz oder das allgemeine sittliche Gefühl die Wahrheit einer Meinung nicht anzutasten gestatten, dulden sie ganz eben so wenig, daß man ihre Nützlichkeit läugne. Was im besten Falle zugestanden wird, sind Milderungsgründe in Betreff ihrer unbedingten Nothwendigkeit, oder der Verschuldung, die jede abweichende Ansicht auf sich laden soll.

Damit die Thorheit, Meinungen ein Gehör zu versagen, weil sie nach der eigenen Ueberzeugung nichts taugen, noch deutlicher hervortrete, empfiehlt es sich die Zulässigkeit ihrer Erörterung an einem bestimmten Fall zu erhärten; und ich will die Fälle vorziehen, die mir am Wenigsten günstig sind — wo die Gründe gegen eine freie Meinungsäußerung sowohl vom Standpunkte der Wahrheit, als von dem der Nützlichkeit für am stärksten gelten. Die Ueberzeugung, die man antastet, sei der Glaube an einen Gott und ein Jenseits, oder an irgend welche der allgemein angenommenen Sittengrundsätze. Wenn wir den Kampf auf diesem Boden ausfechten, so gewähren wir einem unehrlichen Gegner einen großen Vortheil; er wird sicher sagen (und Viele, die nicht mit Absicht unehrlich sind, werden es in ihrem Innern sagen): sind dieß die Lehren, die Du nicht für hinreichend sicher hältst, um sie unter den

Schutz des Gesetzes zu stellen? Ist der Glaube an einen Gott eine der Meinungen, deren zuversichtliche Annahme in Deinen Augen dem Anspruche auf Unfehlbarkeit gleichkommt? Ich muß mir jedoch zu bemerken erlauben, daß es nicht die Zuversicht auf irgend eine Lehre ist, die ich als einen Anspruch auf Unfehlbarkeit bezeichne. Ich verstehe darunter vielmehr das Unterfangen, diese Frage für An d e r e zu entscheiden, ohne daß man ihnen gestattet, auch anzuhören, was sich auf der entgegengesetzten Seite vorbringen läßt. Und ich verwerfe und verabscheue diese Anmaßung um nichts weniger, wenn man sie für die Sache meiner heiligsten Ueberzeugungen geltend macht. Unsere Ueberzeugung, nicht nur von der Irrigkeit, selbst von den verderblichen Folgen — nicht nur von den verderblichen Folgen, selbst (um Ausdrücke zu gebrauchen, die ich ganz und gar verwerfe) von der Unsittlichkeit und Gottlosigkeit einer Meinung, mag noch so fest stehn, und es genügt uns an dieser eigenen Ueberzeugung, ob ihr auch das allgemeine Urtheil unseres Landes und Zeitalters zur Seite steht, um dieser Meinung die Vertheidigung abzuschneiden, so ist, was wir beanspruchen: Unfehlbarkeit. Und weit entfernt, daß dieser Anspruch, weil man die Meinung unsittlich oder gottlos nennt, weniger verwerflich oder gefährlich wäre, wirkt er in diesem Fall gerade am verderblichsten. Hier gerade liegt die Wurzel der furchtbaren Berirrungen, wodurch die Menschen des einen Zeitalters das Erstaunen und den Abscheu der Nachwelt hervorrufen; hier der Ursprung jener geschichtlich denkwürdigen Fälle, wo das Gesetz seinen Arm dazu hergab, die trefflichsten Männer und die erhabensten Lehren auszurotten; mit beklagenswerthem Erfolge, soweit es die Männer betraf, wenn auch einige der Lehren am Leben blieben, um nun (gleichwie zum Hohn) einem ähnlichen Verfahren, gegen die, die von diesen Lehren oder ihrer herkömmlichen Auslegung abweichen, zum Vorwand zu dienen.

Man kann die Welt nicht oft genug erinnern, daß einst ein

Mann Namens Sokrates lebte, der mit den gesetzlichen Autoritäten und der öffentlichen Meinung seiner Zeit in einen denkwürdigen Widerspruch gerieth. In einem Zeitalter und Lande geboren, das an großen Männern Ueberfluß hatte, gilt Sokrates bei den Berichterstattern, die zugleich ihn und sein Zeitalter am besten kannten als der Tugendhafteste; während wir in ihm das Haupt und Vorbild aller späteren Sittenlehrer kennen — die Quelle zugleich des erhabenen Gedankenflugs eines Plato und der verständigen Nützlichkeitslehre des Aristoteles, i maëstri di color che sanno, der beiden Hauptquellen der ethischen und jeder anderen Philosophie. Dieser anerkannte Lehrer aller seitherigen hervorragenden Denker — er dessen Ruhm, auch heute nach zweitausend Jahren, noch im Wachsen ist und fast schwerer wiegt, als alle übrigen Namen, die den Ruhm seiner Geburtsstadt ausmachen — wurde von seinen Landsleuten zum Tode verurtheilt, nachdem er auf gesetzlichem Wege der Gottlosigkeit und Sittenlosigkeit überführt war. Der Gottlosigkeit, weil er die vom Staate anerkannten Götter leugnete; sein Ankläger versicherte sogar (sieh' die: apologia), daß er an gar keine Götter glaube. Der Sittenlosigkeit, weil er durch seine Lehren und seinen Unterricht „ein Verderber der Jugend" sei. Diesen Anklagen fanden ihn die Richter, wie wir mit jedem Grund annehmen dürfen, nach bestem Wissen und Gewissen für schuldig, und verurtheilten den Mann, der sich muthmaßlich unter allen seinen Zeitgenossen um die Welt am verdientesten gemacht, den Tod eines Verbrechers zu erleiden.

Oder wenden wir uns von diesem zu einem anderen und dem einzigen Beispiel richterlicher Schandthaten, dessen Erwähnung, nach der Verurtheilung von Sokrates, noch Eindruck machen kann: zu dem Ereigniß, das vor achtzehnhundert und einigen Jahren auf dem Kalvarienberge statt fand. Der Mann, der nach allen Zeugen seines Lebens und seiner Lehre einen solchen Eindruck sittlicher Erhabenheit machte, daß ihn achtzehn folgende Jahrhunderte wie den Allmächtigen in Person verehrten, wurde schmählich zum Tode gebracht — in welcher Eigenschaft? Als ein Gotteslästerer. Seine Zeitgenossen verkannten in ihm nicht nur ihren Wohlthäter; sie nahmen ihn für das gerade Gegentheil von dem, was er war, und behandelten ihn wie den Ausbund von Gottlosigkeit, wofür sie nun um seiner Behandlung willen selbst gelten müssen. Die Gefühle, die den Menschen von Heute diese beklagenswerthen Vorgänge, insbesondere der letztere, erregen, läßt sie die unseligen Thäter höchst unbillig beurtheilen. Diese waren, allem Anscheine nach, keine schlechte Menschen — nicht schlimmer, als die Menschen in der Regel sind, eher das Gegentheil: Menschen, die in vollem, oder etwas mehr als vollem Maaße, die religiösen, sittlichen und patriotischen Gefühle ihrer Zeit und ihres Volkes theilten! ganz die Art von Menschen, die zu aller Zeit, die unserige eingeschlossen, aller Wahrscheinlichkeit nach, schuldlos und geachtet durch das Leben gehen. Der Hohepriester, der seine Kleider zerriß, als die Worte ausgesprochen wurden, womit man sich nach allen Anschauungen seiner Landsleute zu der schwersten Schuld bekannte, war höchst wahrscheinlich ganz ebenso aufrichtig in seinem Entsetzen und Unwillen, wie die Menge der ehrenwerthen und frommen Leute, wenn sie ihre religiösen und sittlichen Gefühlen heute an den Tag legt; und die gegenwärtig über sein Betragen schaudern, würden großentheils, wenn sie zu jener Zeit lebten und als Juden zur Welt kamen, genau ebenso gehandelt haben. Ehe sich strenggläubige Christen versucht fühlen, die Menge, die die ersten Blutzeugen zu Tode steinigte, für verworfener, als sich selbst zu halten, sollten sie sich erinnern, daß zu diesen Verfolgern auch der heilige Paulus gehörte.

Noch ein Beispiel mag hier Platz finden, das eindringlichste unter allen, wenn das Lehrreiche eines Irrthums zur Weisheit und Tugend dessen, das ihm verfällt, im Verhältniß steht. Wenn je ein Machthaber Ursache hatte, sich für den besten und erleuchtetsten seiner Zeitgenossen zu halten, so war dies der Kaiser Marcus Aurelius. Selbstherrscher der ganzen gesitteten Welt, bekundet sein ganzes Leben nicht nur die fleckenloseste Gerechtigkeit, sondern was von seiner stoischen Schule weniger zu erwarten war, auch die mildeste Gesinnung. In den wenigen Fällen, wo man ihn des Irrthums zeiht, liegt diese stets auf Seite der Nachsicht: während seine Schriften, die vollendetste ethische Leistung der alten Welt, kaum merklich, wenn überhaupt, von den eigenthümlichsten Lehren von Christus abweichen. Dieser Mann, ein besserer Christ, außer in dem Wortsinne der Kirchenlehre, als irgend einer, der sich seitdem mit dem Namen eines christlichen Herrschers schmückte, verfolgte das Christenthum. Auf der Höhe aller früheren Errungenschaften der Menschheit, mit einem offenen, unbefangenen Verstande und einem Charakter begabt, der sich in seinen Schriften ganz von selbst zu dem christlichen Ideale verkörperte, blieb es ihm doch verborgen, daß das Christenthum der Welt, mit deren Pflichten er es doch so strenge nahm, zum Segen und nicht zum Unsegen gereichen würde. Mit dem kläglichen Zustande der bestehenden Gesellschaft war er vertraut. Allein er sah, oder glaubte zu sehen, daß diese Gesellschaft, wie sie war, nur durch den alten Glauben und die Verehrung der alten Götter zusammengehalten und vor noch schlimmerem Zerfall bewahrt werden könne. Als einer der Herrscher über die Menschheit, hielt er es für seine Pflicht, die Gesellschaft vor diesem vollständigen Zerfall zu schützen, und sah keinen Weg, wie sich, waren erst alle bestehenden Bande aufgelöst, ein neuer Zusammenhang bilden sollte. Die neue Religion ging offen darauf aus, die vorhandene Verbindung zu zerstören; entweder daher war es für ihn Pflicht, diese Religion anzunehmen, oder sie zu erdrücken. So fern ihm daher die Theologie des Christenthums weder wahr noch göttlichen Ursprungs schien; sofern er dieser wunderbaren Geschichte eines gekreuzigten Gotts keinen Glauben schenkte, und eine Ordnung, die ganz und gar auf einer ihm so unglaublichen Grundlage zu ruhen vorgab, in seinen Augen unmöglich jene verjüngende Kraft entwickeln konnte, die sie, trotz aller ihrer Schwächen,

thatsächlich bewährt hat: war es nur im Bewußtsein seiner heiligen
Pflicht, daß der edelmüthigste und liebenswürdigste der Philosophen
und Herrscher zur Verfolgung des Christenthums seine Zustimmung
gab. Mir scheint dieser Vorgang einer der schicksalsvollsten im
Lauf der ganzen Geschichte. Es ist ein bitterer Gedanke, wie verschieden sich in der Welt das Christenthum gestaltet haben möchte,
wenn der christliche Glaube unter der Führung von Mark Aurel,
statt unter der von Constantin zur Staatsreligion wurde. Doch
wäre es zugleich ungerecht gegen ihn und eine Sünde gegen die
Wahrheit, wenn man läugnen wollte, daß Markus Aurelius keiner
der Vorwände fehlte, die sich für die Bestrafung anti-christlicher
Lehren vorbringen lassen, zur Zeit als die Verbreitung des Christenthums durch ihn strafbar wurde. Kein Christ glaubt fester
daran, daß der Atheismus falsch ist und die Gesellschaft aufzulösen
droht, als dies Markus Aurelius von dem Christenthum überzeugt
war; er der doch zu einer richtigeren Würdigung unter allen
Lebenden am Ersten berufen schien. Wer sich für die Strafbarkeit
der Verbreitung von Meinungen entscheiden möchte, und nicht etwa
für weiser und besser hält, als Markus Aurelius — für tiefer
erfahren in der Weisheit seiner Zeit, und geistig erhabener über
seine Zeit — für eifriger in dem Streben nach Wahrheit, oder
aufrichtiger in dem Dienste der erkannten Wahrheit: möge sich des
Anspruchs auf die vereinte Unfehlbarkeit seiner Selbst und der
Menge enthalten, worauf sich der große Antonin mit so unseligem
Erfolge verlassen hat.

Im Gefühle der Unmöglichkeit die Anwendung von Strafen
zur Zügelung irreligiöser Meinungen durch irgend einen Beweis
zu vertheidigen, ohne damit zugleich den Markus Antonius zu
rechtfertigen, lassen sich die Feinde der Religionsfreiheit, wenn man
sie hart drängt, diese Folgerung mitunter gefallen, und meinen,
mit Dr. Johnson, daß die Verfolger des Christenthums im Rechte
waren: weil die Verfolgung die Feuerprobe sei, die die Wahrheit

überstehen müsse, und auch stets glücklich überstehe, indem der Arm des Gesetzes gegen die Wahrheit schließlich doch nichts ausrichte, dagegen zur Unterdrückung verderblicher Irrthümer mitunter höchst wohlthätig wirke. Es lohnt sich, bei dieser eigenthümlichen Rechtfertigung religiöser Unduldsamkeit mit ein paar Worten zu verweilen.

Einer Lehre, die die Verfolgung der Wahrheit damit rechtfertigt, daß dieser daraus unmöglich Schaden erwachsen könne, läßt sich nicht vorwerfen, da sie der Verbreitung neuer Wahrheiten feindselig sei; um so weniger Lob verdient die Großmuth ihres Verfahrens gegen die Personen, denen die Menschheit für diesen Dienst verpflichtet ist. Der Welt Etwas zu offenbaren, was ohne daß sie vorher darum wußte, ihr Wohl wesentlich berührt; ihr zu beweisen, daß sie sich über irgend eine irdische oder religiöse Frage im Irrthum befand, heißt seinen Mitmenschen sicher den wichtigsten unter allen Diensten erweisen, und gilt auch den Gesinnungsgenossen von Dr. Johnson in manchen Fällen, wie in dem der ersten Christen und der Reformatoren, als das kostbarste Geschenk, das sich der Menschheit überhaupt verehren läßt. Daß man nun die Urheber so unschätzbarer Wohlthaten mit der Märtyrerkrone belohnt und wie die gemeinsten Verbrecher behandelt, gilt dieser Anschauungsweise nicht als ein beklagenswerther Wahn und als ein Unglück, wofür die Menschheit im härenen Gewande Buße thun sollte, vielmehr als die rechte und gerechte Behandlung der Sache. Wer eine neue Wahrheit offenbart, müßte, nach dieser Auffassung, wie nach dem Gesetzbuch der Lokrier der Antragsteller eines neuen Gesetzes, mit dem Strick um den Hals erscheinen, der augenblicklich zugezogen würde, wenn sich auf seine Gründe hin die öffentliche Versammlung nicht auf dem Fleck zur Annahme seines Vorschlags bequemte. Wer dieser Art, seine Wohlthäter zu behandeln, das Wort redet, kann wohl der Wohlthat selbst keinen allzu hohen Werth beilegen; und wie mir scheint, ist diese Anschauungsweise auch meist nur unter der Art von Leuten zu Hause, die die einstige Entdeckung neuer

Wahrheiten wohl für zuträglich, ihre fernere Vermehrung aber für überflüssig halten.

Doch die Redensart, daß die Wahrheit über die Verfolgung triumphire, ist in der That nur eine jener einschmeichelnden Unwahrheiten, die Einer dem Andern so lange nachplappert, bis sie schließlich zum Gemeinplatze werden, die jedoch alle Erfahrung gegen sich haben. Die Geschichte wimmelt von Beispielen einer Verfolgung die über die Wahrheit den Sieg davon trug. Wenn nicht für immer unterdrückt, kann diese doch für Jahrhunderte dadurch zurückgeworfen werden. Um nur von religiösen Meinungen zu reden: die Reformation ist vor Luther mindestens zwanzigmal emporgetaucht, und wieder unterdrückt worden. Arnold von Brescia wurde unterdrückt. Fra Dulcino wurde unterdrückt. Savonarola wurde unterdrückt. Die Albingenser wurden unterdrückt. Die Waldenser wurden unterdrückt. Die Lollharden wurden unterdrückt. Die Hussiten wurden unterdrückt. Selbst nach Luther's Zeiten war die Verfolgung, wo man sie nur mit der gehörigen Ausdauer handhabte, überall erfolgreich. In Spanien, Italien, Flandern, den österreichischen Ländern wurde der Protestantismus ausgerottet, und höchst wahrscheinlich wäre es ihm in England nicht besser ergangen, wenn die Königin Marie länger am Leben geblieben, oder die Königin Elisabeth früher gestorben wäre. Die Verfolgung hat überall ihren Zweck erreicht, außer wo das Ketzerthum als Partei zu stark war, um sich unterdrücken zu lassen. Kein Vernünftiger kann bezweifeln, daß es im Bereiche der Möglichkeit lag, das Christenthum im römischen Reiche auszurotten. Es breitete sich aus und gelangte zur Herrschaft, weil die Verfolgungen nur gelegentlich vorkamen, nur kurz dauerten, und durch lange Zwischenräume einer fast ungestörten Bekehrung getrennt waren. Es ist nichts als ein eitler Gefühlswahn, daß der Wahrheit, an und für sich, irgend eine, dem Irrthum versagte, Macht innewohne, um sich gegen Kerker und Scheiterhaufen zu behaupten.

Die Menschen gehen der Wahrheit nicht eifriger nach, als häufig dem Irrthume, und eine hinreichende Anwendung gesetzlicher oder selbst gesellschaftlicher Strafen wird in der Regel genügen, um die Verbreitung der einen wie des andern ein Ziel zu setzen. Der wirkliche Vorzug, der der Wahrheit eigen ist, besteht darin, daß eine Meinung, wenn sie wahr ist, einmal, zweimal, oftmals erdrückt werden kann, daß sie aber im Laufe der Jahrhunderte in der Regel von den Einen oder Andern wieder aufgefunden werden wird, bis endlich eine solche Wiederauferstehung in eine Zeit fällt, wo sie durch günstige Umstände vor Verfolgungen geschützt, hinreichend tief Wurzel schlägt, um jeder künftigen Verfolgung Widerstand zu leisten.

Man wird sich vielleicht darauf berufen, daß die Zeit vorüber ist, wo man die Verbreiter neuer Meinungen zum Tode brachte: wir sind nicht wie unsere Väter, die ihre Propheten erschlugen, wir errichten ihnen sogar ein Grabdenkmal. In der That ist es nicht mehr üblich, die Ketzer hinzurichten; und das Maß gesetzlicher Heimsuchung, die die heutige Gefühlsweise selbst gegen die verhaßteste Meinung gestalten würde, reicht nicht hin, um sie auszurotten. Allein schmeicheln wir uns doch nicht, daß wir darum auch nur von dem Schandfleck gesetzlicher Verfolgungen vollkommen frei wären. Noch bestehen gesetzliche Strafen für Meinungen, oder wenigstens ihre Aeußerung; und ihre Anwendung ist selbst in unseren Tagen nicht so beispiellos, um die Möglichkeit ihrer einstigen rücksichtslosen Wiederbelebung vollständig auszuschließen. Im Jahre 1857, bei den Sommerassisen in der Grafschaft Kornwall, wurde ein Unglücklicher,*) dem man sonst in allen Lebensbeziehungen den besten Leumund zugestand, zu einundzwanzig Monaten Gefängniß verurtheilt, weil er einige das Christenthum beleidigende Worte geäußert

---

*) Thomas Prolay, Assisen zu Bodmin, 31. Juli 1857. Im folgenden December erhielt er von der Krone einen freien Pardon.

und an ein Thor gekritzelt hatte. Einen Monat darauf wurden zwei Leute, bei zwei verschiedenen Gelegenheiten,*) bei dem Gerichtshof von Old Bailey als Geschworne zurückgewiesen, und einer derselben von dem Richter und einem der Sachwalter gröblich beleidigt, weil sie ehrlich erklärten, daß ihnen jeder theologische Glaube abgehe; und einem Dritten, einem Fremden,**) wurde aus demselben Grunde gegen einen Dieb sein Recht verweigert. Diese Verweigerung des richterlichen Beistandes stützte sich auf den gesetzlichen Grundsatz, daß Niemand zum Zeugniß in einen Gerichtshof zugelassen werden kann, der sich nicht zum Glauben an einen Gott (irgend ein Gott ist genügend) und an ein künftiges Leben bekennt; was auf die Erklärung hinauskommt, daß Personen der Art außerhalb des Gesetzes stehen und auf den Schutz der Gerichtshöfe keinen Anspruch besitzen; so daß also nicht nur jeder gegen sie gerichtete Angriff straflos bleibt, falls Niemand außer ihnen, oder nur Leute von ähnlichen Meinungen zugegen sind; sondern auch der Raub oder Angriff gegen jeden Dritten nicht bestraft wird, wenn der Beweis des Thatbestands von ihrem Zeugniß abhängt. Es gründet sich dieß Verfahren auf die Annahme, daß der Eid einer Person, die nicht an ein künftiges Leben glaubt, ohne Werth ist; eine Ansicht, die Seitens ihrer Anhänger keine geringe Unkenntniß der Geschichte verräth (sofern geschichtlich feststeht, daß ein großer Theil unter den Ungläubigen aller Jahrhunderte aus Männern von ausgezeichneter Rechtschaffenheit und Ehrenhaftigkeit bestand), und der Niemand anhängen würde, der irgend eine Vorstellung hat, wie viele unter den Männern, die bei der Welt wegen ihrer Tugenden und ihrer hohen Bildung im höchsten Ansehen stehen, Jedermann, wenigstens

---

*) Georg Jakob Holyoake, 17. August 1857; Eduard Truelove, Juli 1857.

**) Baron von Gleichen, Polizeihof von Marlborough-Street, 4. August 1857.

unter ihren nächsten Bekannten, als Ungläubige bekannt sind. Außerdem wird die Regel sich selbst verderblich und untergräbt ihre eigene Grundlage. Unter dem Vorwand, daß Gottesläugner Lügner sein müssen, läßt sie das Zeugniß aller Gottesläugner zu, die bereit sind, zu lügen, und weist nur die zurück, die lieber der Nachrede trotzen und sich zu einem verabscheuten Glauben bekennen, ehe sie die Unwahrheit sagen. Eine Regel, die dergestalt, soweit es ihren eingestandenen Zweck betrifft, für ihre eigene Thorheit zeugt, läßt sich nur als ein Erkennungszeichen blinden Hasses, als ein Ueberbleibsel der Verfolgungssucht, in Kraft erhalten. Und diese Verfolgung hat noch dazu das Eigenthümliche, daß man ihr nur unter der Voraussetzung verfällt, wenn kein Zweifel bleibt, daß man sie nicht verdient hat. Die Regel und die Grundsätze, die sie einschließt, sind kaum weniger beschimpfend für Gläubige als für Ungläubige. Denn wenn der, der nicht an ein Jenseits glaubt, nothwendig lügt, so folgt, daß die daran glauben — wenn überhaupt — nur durch die Furcht vor der Hölle vom Lügen abgehalten werden. Wir wollen den Urhebern und Vertheidigern dieser Regel nicht mit der Annahme zu nahe treten, daß sie ihren Begriff von christlicher Tugend aus ihrem eigenen Gewissen schöpfen.

All' das sind in der That nur Folgen und Ueberreste der Verfolgungssucht, und nicht sowohl ein Beweis für die Absicht, zu verfolgen, als ein Beispiel jener in England sehr häufigen ungesunden Denkart, wonach man an der Behauptung eines schlechten Grundsatzes auch dann noch ein widernatürliches Vergnügen findet, wenn der böse Wille ihn wirklich durchzuführen, längst nicht mehr vorhanden ist. Dagegen gibt der Zustand der öffentlichen Denkart unglücklicherweise keinerlei Sicherheit, daß die Gewöhnung an eine schlimmere Form der gesetzlichen Verfolgung, die nun ungefähr seit der Dauer einer Generation voranschreitet, sich nicht noch tiefer einnistet. In diesem Zeitalter wird die ruhige Oberfläche des Herkommens ebenso oft durch Versuche gestört, überwundene Uebelstände wieder ins Leben zu rufen, als neue Wohlthaten einzuführen. Was man nun aber heutzutage als das Wiederaufleben der Religion ausposaunt, ist unter engherzigen und ungebildeten Gemüthern wenigstens ebenso sehr ein Wiederaufleben finsterer Strenggläubigkeit; und wo in den Gefühlen des Volkes jener starke und unvertilgbare Sauerteig der Unduldsamkeit gährt, der in den Mittelklassen dieses Landes nie vertilgt wurde, bedarf es nur wenig, um zur thätigen Verfolgung gegen die zu reizen, die in ihren Augen zu aller Zeit der Verfolgung würdig gelten.*) Denn das ist es —

---

*) Eine eindringliche Warnung in diesem Sinne gibt uns die starke Beimischung von Verfolgungssucht, die gelegentlich des Aufstandes der Sepoy's in der allgemeinen Schaustellung der schlimmsten Seiten unseres Nationalcharakters zum Vorschein kam. Die Rasereien der Glaubenswuth oder der Gaukler von der Kanzel aus mag man mit Stillschweigen übergehen; allein von den Häuptern der evangelischen Partei wurde als Grundsatz für die Beherrschung von Hindu's und Muhamedanern geltend gemacht, daß keine Schule ferner mit öffentlichen Geldern unterstützt werde, worin nicht die Bibel gelehrt wird, und als nothwendige Folge davon, daß kein öffentliches Amt, es sei denn an wahre oder vorgebliche Christen, vergeben werde. Ein Unterstaatssekretär soll nach dem Bericht in einer am 12. Nov. 1857 an seine Wähler gehaltenen Rede, geäußert haben: „Die Duldung ihres Glaubens" (des Glaubens von hundert Millionen britischer Unterthanen) „des Aberglaubens, den sie Religion nennten, durch die britische Regierung, habe die Wirkung gehabt, die Achtung vor dem britischen Namen zu verringern und das zunehmende Wachsthum des Christenthums zurückzuhalten.... Duldsamkeit sei der mächtige Eckstein der religiösen Freiheiten dieses Landes, aber möchten sie doch nur nicht dieses kostbare Wort der Duldsamkeit mißbrauchen. Wie er es begreife, so sei damit vollständige Freiheit, die Freiheit der Anbetung, für alle Christen gemeint, deren Anbetung auf der gleichen Grundlage ruhe. Es sei die Duldung aller Sekten und Benennungen von Christen, die an den Einen Vermittler glaubten." Ich wünsche auf die Thatsache aufmerksam zu machen, daß ein Mann, den man für würdig erachtete, eine hohe Regierungsstelle dieses Landes unter einem freisinnigen Ministerium es ist die Art, wie die Menschen hier zu Land gegen Alle denken und fühlen, die die in ihrer eigenen Meinung wesentlichen Glaubenssätze verwerfen, warum sich die geistige Freiheit in unserem Lande nicht heimisch fühlt. Die schlimmste Wirkung der gesetzlichen Strafen ist seit langem nur die, daß sie das gesellschaftliche Brandmal noch tiefer eindrücken. Was wirklich eindringt, ist dieses Brandmal, und so tief bringt es ein, daß in England das Bekenntniß von Meinungen, die die Gesellschaft ächtet, weit seltener vorkommt, als in vielen andern Ländern Aeußerungen, wodurch man sich einem richterlichen Straferkenntniß aussetzt. Wer nicht durch seine Glücksumstände von dem guten Willen anderer Leute unabhängig ist, vermag dieser Meinung so wenig zu trotzen, wie dem Gesetz. Die Gefängnißstrafe fällt nicht härter, als die Unmöglichkeit, sein Brod zu verdienen. Wer sein Brod schon gesichert hat, und weder von den Mächtigen, noch von Körperschaften, noch von dem Publikum eine Gunst erwartet, wagt mit dem offenen Eingeständniß seiner Ueberzeugung zwar nichts, als daß man schlecht von ihm denkt und redet, und um das zu ertragen, bedarf es keiner besonders heldenmüthigen Gesinnung. In Betreff dieser Klasse ist kein Grund für ein öffentliches Gnadengesuch. Aber wenn wir auch Andersdenkende nicht mehr so hart strafen, wie es sonst unsere Gewohnheit war, so wäre es doch möglich, daß wir uns selbst durch ihre Behandlung so hart strafen wie nur jemals. Sokrates wurde hingerichtet, aber die Sokratische Lebensweisheit stieg empor wie die Sonne, und verbreitete ihre Strahlen durch das ganze geistige Himmelszelt. Die Christen wurden den Löwen vorgeworfen, aber die christliche Kirche erwuchs zu einem stattlichen und weitschattenden Baume, der

---

zu bekleiden, den Grundsatz vertheidigt, daß alle, die nicht an die Gottheit Christi glauben, auf Duldung verzichten müssen. Wer wird sich nach dieser thörichten Schaustellung noch mit der Einbildung schmeicheln, daß es mit der religiösen Verfolgung auf Nimmerwiedersehen vorüber ist?

alle älteren und weniger kräftigen Schößlinge überragt und in seinem Schatten erstickte. Unsere ausschließlich gesellschaftliche Unduldsamkeit tötet Niemanden, rottet keine Meinungen aus, bringt die Menschen nur dahin, daß sie dieselben verbergen, oder auf jede thätige Anstrengung für ihre Verbreitung Verzicht leisten. Unter uns gewinnen oder verlieren ketzerische Meinungen in jedem Jahrzehnte oder Geschlechte nicht wesentlich an Boden; ihre Flamme schlägt nicht in alle Lüfte empor, sondern glüht nur weiter an der Stätte ihres Ursprungs, in den engen Kreisen der Denker und Forscher, ohne je die allgemeinen Anliegen der Menschheit, sei es mit einem echten oder trügerischen Lichte zu erleuchten. Und so erhält sich ein Zustand der Dinge, der mancher Anschauungsweise nicht wenig zusagt, weil dadurch ohne irgend welche widerwärtige Geld- und Freiheitsstrafen, alle herrschenden Meinungen äußerlich ungestört bleiben, und doch zugleich Leuten von abweichender Ansicht, die mit der Krankheit des Denkers behaftet sind, der Gebrauch ihrer Vernunft nicht unbedingt untersagt ist. Eine bequeme Art, in der geistigen Welt den Frieden zu bewahren und Alles, was darin vorgeht, so ziemlich in dem herkömmlichen Geleise zu erhalten! Aber der Preis, den uns diese Art geistiger Beruhigung kostet, ist das Opfer jeder muthigen sittlichen Gesinnung. Ein Zustand der Dinge, worin es ein großer Theil der thätigsten und strebsamsten Geister für räthlich findet, die unverfälschten Grundsätze und Gründe ihrer Ueberzeugungen in ihrer eigenen Brust zu verschließen, und ihr selbstständiges Urtheil, soweit sie es vor die Oeffentlichkeit bringen, so viel wie möglich Voraussetzungen anzubequemen, denen sie im Innern längst entsagten, kann unmöglich die offenen, furchtlosen Charaktere, und die unerbittlichen und unerschütterlichen Denker großziehen, die einst der geistigen Welt zur Zierde gereichten. Die Menschenart, die man davon erwarten darf, sind entweder blos Sklaven des alltäglichen Herkommens oder Heuchler der Wahrheit, deren Beweisgründe in allen bedeutenden

Dingen auf ihre Hörer berechnet sind und nicht aus der eigenen Ueberzeugung stammen. Bleibt Jemand dieser Wahl überhoben, so ist es nur, weil er seine Gedanken und Interessen auf den Kreis der Dinge verengt, worüber sich, ohne Gefahr in das Gebiet der Grundsätze abzuschweifen, reden läßt, das heißt auf unbedeutenden Aeußerlichkeiten, die sich von selber richten würden, wenn man nur erst die Gesinnungen der Menschen kräftigte und erweiterte, und die man, bis dies gelingt, niemals recht richten wird, während, was die Gesinnungen kräftigen und erweitern würde, eine freie und kühne Spekulation über die höchsten Anliegen, zur Seite liegen bleibt.

Wer diese Zurückhaltung Seitens aller ketzerischen Ueberzeugungen nicht für ein Uebel hält, sollte vor Allem bedenken, daß in Folge davon gar keine ehrliche und gründliche Erörterung ketzerischer Meinungen stattfindet, und daß diejenigen darunter, die eine solche Erörterung nicht vertragen würden, weil man ihre Verbreitung hindert, darum doch nicht aus der Welt verschwinden. Es sind jedoch nicht die Ketzer selbst, die unter dem Banne der auf allen Forschungen liegt, die nicht auf die strengen Glaubenssätze hinauslaufen, am Meisten Noth leiden. Der größte Schaden trifft die, die ohne Ketzer zu sein, durch die Furcht der Ketzerei in ihrer ganzen geistigen Entwicklung einschrumpfen, und eingeschüchtert werden. Wer berechnet, was die Welt an der großen Zahl verliert, die mit versprechenden Geistesgaben einen furchtsamen Charakter verbindet, und einem kühnen, kräftigen, unabhängigen Gedankengang nur aus der Furcht nicht zu folgen wagt, daß er sie zu irgend Etwas führe, was als irreligiös oder unsittlich gelten könnte? Mitunter begegnet man unter dieser Klasse einem Mann von hoher Gewissenhaftigkeit und einem scharfen und gebildeten Verstande, der ein Leben daran wendet, eine Vernunft, die er nicht zum Schweigen bringen kann, irre zu leiten, und alle Hülfsquellen seines Scharfsinns erschöpft und schließlich vielleicht doch vergeblich erschöpft, um die Eingebungen seines Gewissens und seiner Vernunft mit dem starren Glauben zu versöhnen. Keiner wird es zu einem bedeutenden Denker bringen, wenn er läugnet, daß es für einen Denker die erste Pflicht ist, seinem Verstande zu folgen, zu welchen Schlüssen er auch führen mag. Die Wahrheit gewinnt sogar mehr durch unsere Irrthümer, wenn man mit dem nöthigen Eifer und wohlvorbereitet für sich selber denkt, als durch die wahren Meinungen derjenigen, die daran bloß festhalten, weil sie sich keinen selbstständigen Gedanken erlauben. Nicht als ob wir allein oder nur hauptsächlich um große Denker zu bilden, der Freiheit des Denkens bedürften. Diese ist im Gegentheil ganz ebenso und selbst noch mehr unentbehrlich, damit der Mittelschlag der Menschen das für ihn erreichbare Maaß geistiger Entwickelung zu erreichen vermöge. Es gab und mag auch fernerhin inmitten einer Atmosphäre allgemeiner geistiger Sklaverei einzelne große Denker geben, aber nie gab es oder wird es je in einer solchen Atmosphäre ein geistig regsames Volk geben. Wo sich ein Volk vorübergehend einem solchen Zustand näherte, war es nur, weil die Furcht vor der auflösenden Kraft des Gedankens für eine Weile zum Schweigen gebracht wurde. Wo dagegen eine stillschweigende Uebereinkunft besteht, daß Grundsätze nicht in Frage gestellt werden sollen; wo die Erörterung der gesellschaftlichen Lebensfragen für abgeschlossen gilt, dürfen wir nicht die durchschnittlich hohe Stufe geistiger Regsamkeit erwarten, wodurch sich der eine und andere Abschnitt der Geschichte auszeichnet. Wo sich der Meinungsstreit um alle Fragen, deren Tragweite und Bedeutung das Feuer der Leidenschaft hervorzulocken vermöchte, ängstlich herumschlich, wurde auch die Seele eines Volkes noch nie so in ihren Tiefen und zu solchen Anstrengungen aufgerüttelt, wodurch sich selbst Menschen von ganz gewöhnlichem Verstand einigermaßen zur Würde denkender Wesen erheben. Ein Beispiel dieser Art giebt uns die Lage Europas in dem der Reformation unmittelbar folgenden Zeitalter; ein anderes,[1]) wenn auch auf den Kontinent und auf eine gebildetere Klasse beschränkt, die geistige Bewegung in der letzten Hälfte des achtzehnten Jahrhunderts, und ein Drittes, von noch kürzerer Dauer, die Gährung des deutschen Geistes in der Zeit von Göthe und Fichte. Diese Abschnitte waren in der Art der Meinungen, die darin zum Durchbruch gelangten, wesentlich unterschieden; darin jedoch stimmten alle drei überein, daß das Joch hergebrachter Meinungen abgeschüttelt wurde. In jeder wurde eine verjährte Gewaltherrschaft über die Geister abgeworfen, während noch keine neue ihre Stelle einnahm. Der Antrieb, der sich von diesen drei Zeitabschnitten weiterpflanzte, hat Europa zu dem gemacht, was es gegenwärtig ist. Jede Vervollkommnung, die seither, sei es in der Gesinnung oder den Einrichtungen der Menschen statt fand, läßt sich deutlich nachweisbar auf den einen oder anderen darunter zurückführen. Die Zeichen der Zeit deuten schon länger darauf hin, daß alle drei Antriebe nahezu erschöpft sind; und wir dürfen keinen neuen Anlauf erwarten, wenn wir unsere geistige Freiheit nicht von Neuem geltend machen.

Wir wollen nun zu dem zweiten Theile unseres Beweises übergehen, von der Möglichkeit irriger hergebrachten Meinungen absehen, und unter der Voraussetzung ihrer Wahrheit prüfen, welcher Werth den darauf gegründeten Ueberzeugungen zukommt, sobald man ihre Wahrheit nicht frei und offen besprechen darf. So ungern auch, wer fest an seiner Meinung hängt, die Möglichkeit ihrer Irrigkeit zugeben mag, so sollte doch die Erwägung Eindruck machen, daß man sich an seiner Meinung, so wahr sie sein mag, sofern man sie nicht von Grund aus, wiederholt und furchtlos erörtern darf, nur wie an einem todten Glaubenssatz und nicht wie an einer lebendigen Wahrheit erquickt.

Es gibt eine Klasse von Leuten (zum Glück nicht ganz so zahlreich wie ehedem) die sich zufrieden geben, wenn Jemand dem, was sie für wahr halten, in gutem Glauben zustimmt, obgleich er mit den Gründen der Meinung vollständig unbekannt, ihre Vertheidigung auch gegen die oberflächlichsten Einwürfe nicht aufrecht zu erhalten vermöchte. Gelingt es dieser Art Leute, ihre Meinungen unter den Machtsprüchen der Gesellschaft zu bergen, so halten sie es dann natürlich nicht vom Guten und eher vom Uebel, daß man dieselben noch fernerhin in Frage stelle. Wo ihr Einfluß herrscht, wird es nahezu unmöglich die hergebrachte Meinung mit Ueberlegung und Vorbedacht zu verwerfen, wenn auch eine übereilte und bedachtlose Verwerfung nicht weniger möglich bleibt; denn die Untersuchung ganz und gar auszuschließen, ist selten durchführbar, und schleicht sich dieselbe einmal ein, so liegt es in der Art des Glaubens, der nicht auf Ueberzeugung gegründet ist, daß er unter dem leichtesten Anschein einer Widerlegung zusammenbricht. Läßt man indessen diese Möglichkeit zur Seite — nimmt man an, daß die wahre Meinung an der Seele festklebt, aber wie ein Vorurtheil, wie ein Glaubenssatz festklebt, der unabhängig von allen Beweisgründen, gegen alle Gründe Stich hält — so ist dieß nicht die rechte Art, wie man die Wahrheit festhalten sollte. Das ist keine Erkenntniß der Wahrheit. Die Wahrheit, die so fest gehalten wird, ist nur ein Aberglaube mehr, der zufällig an den Worten klebt, die die Wahrheit ausdrücken.

Wenn Verstand und Urtheilskraft der Menschen gebildet werden sollen, was wenigstens Protestanten zugeben, woran lassen sich diese Eigenschaften, durch wen es auch sei, zweckmäßiger üben als an Dingen, die uns so nahe angehen, daß man es für unentbehrlich hält, darüber eine Meinung zu besitzen? Wenn irgend Etwas mehr zur Bildung des Verstandes beiträgt, so ist es sicher diese Einsicht in die Gründe seiner eignen Meinung. Seine Meinung über Dinge, worüber eine richtige Meinung von höchster Wichtigkeit ist, sollte man doch wenigstens gegen die gewöhnlichsten Einwürfe zu vertheidigen wissen. „Aber," läßt sich einwenden, „so möge man die Menschen über die Gründe ihrer Meinungen belehren. Es folgt nicht, daß Meinungen nur nachgebetet werden müssen, weil man ihnen niemals widersprechen hört. Wer Geometrie lernt, macht nicht allein sein Gedächtniß mit den Lehrsätzen vertraut, er versteht und lernt auch die Beweise; und es wäre eine unsinnige Behauptung, daß er mit den Gründen geometrischer Wahrheiten unbekannt bleibe, weil er sie nie von irgend Jemand leugnen oder versuchsweise widerlegen hört." Ganz richtig, und eine solche Lehre reicht aus bei einem Gegenstand wie die Mathematik, wo sich über die verkehrte Seite der Frage überhaupt nichts vorbringen läßt. Die eigenthümliche Beweiskraft mathematischer Wahrheiten liegt darin, daß sich alle Beweisgründe auf Einer Seite finden; es giebt da keinen Einwurf und keine Widerlegung von Einwürfen. Allein die Wahrheit eines jeden Gegenstandes, worüber eine Verschiedenheit der Meinungen möglich ist, ist von der Bilanz von zwei Reihen sich widersprechender Gründe abhängig. Selbst in den Naturwissenschaften ist stets irgend eine andere Erklärung derselben Thatsachen möglich, irgend ein erdumkreisendes statt eines sonnenumkreisenden Systems, irgend ein Phlogiston statt des Sauerstoffs; und man muß es erweisen, warum diese andere Theorie nicht die richtige sein kann: bis dieß nachgewiesen ist, und bis wir wissen, wie es nachgewiesen wird, verstehen wir auch nicht die Gründe unserer Meinung. Wenden wir uns aber zu den ungleich verwickelteren Aufgaben der Ethik, Religion, Politik, der gesellschaftlichen Verhältnisse, des Berufslebens, so bestehen drei Viertel der Beweisgründe für jede in Frage stehende Meinung in der Entkräftung der Scheingründe, die einer davon abweichenden Meinung zur Seite stehn. Von einem der größten Redner des Alterthums berichtet die Ueberlieferung, daß er die Gründe die sich seinem Gegner darboten, mit ebensogroßem, wenn nicht mit noch größerem Eifer durchdachte, als seine eigenen. Was Cicero als ein Hülfsmittel des Rednererfolgs übte, verlangt von Allen Nachahmung, die der Wahrheit über einen Gegenstand auf den Grund zu kommen streben. Wer einen Fall nur von

seiner eigenen Seite aufzufassen versteht, versteht auch von dieser
nicht viel. Seine Gründe mögen gut, und Niemand im Stande
gewesen sein, sie zu widerlegen. Allein wenn er ebensowenig im
Stande ist, die Gründe auf der gegnerischen Seite zu widerlegen,
wenn er sie nicht einmal kennt, so hat er keinen Grund, die eine
Meinung der anderen vorzuziehen. Vernünftigerweise ist er nur in
der Lage, sein Urtheil aufzuschieben: wenn er sich damit nicht begnügt, so läßt er sich entweder durch einen Machtspruch leiten, oder
er schlägt sich wie die Mehrzahl der Menschen auf die Seite, zu
der er am Meisten hinneigt. Auch reicht es nicht hin, daß man
sich über die Beweisgründe der Gegner belehren läßt, und sich
bei den Gegengründen beruhigt, die unseren Lehrern genügend
dünken. Das ist nicht die Art, den Beweisgründen Gerechtigkeit widerfahren zu lassen, oder sie mit dem eignen Verstand
in wirksame Berührung zu bringen. Man muß durch Personen
damit vertraut werden, die wirklich daran glauben, und die in
vollem Ernst ihr Möglichstes für ihre Vertheidigung thun. Man
muß sie in ihrer trügerischsten und überzeugendsten Gestalt kennen
lernen, man muß alle die Schwierigkeiten, die jede richtige Ansicht der Sache zu bekämpfen und besiegen hat, in ihrer ganzen
Bedeutung fühlen, sonst wird man sich der Wahrheit von der
Seite, womit sie diese Schwierigkeiten überwindet, nie vollständig
bemächtigen. Neunundneunzig unter hundert sogenannten Gebildeten sind in dieser Lage: selbst dann, wo ihnen die Gründe
für ihre Meinungen fließend aus dem Munde gehen. Ihr Schluß
mag richtig sein, allein soweit sie wissen, könnte er ebensogut
falsch sein; sie haben sich niemals in die Gedanken Anders-
denkender versetzt und überlegt, was diese vorzubringen haben
mögen; folgeweise fehlt ihnen auch jede rechte Kenntniß der Ansicht,
wozu sie sich selber bekennen. Sie sind unbekannt mit den Seiten
der Sache, wodurch sich die übrigen erklären und rechtfertigen,
mit den Erwägungen, wonach sich einander scheinbar wider-

sprechende Thatsachen unterstützen, oder von zwei anscheinend gleich starken Gründen der eine und nicht der andere den Vorzug verdient. All' die Seiten einer Wahrheit, die den Ausschlag geben, und das Urtheil jedes wirklich Sachverständigen bestimmen, sind ihnen fremd: und in der That auch Keinem vertraut, der nicht beide Seiten gleich sorgsam und unbefangen beachtet: und die Gründe auf beiden Seiten mit gleicher Unparteilichkeit abgewogen hat. So wesentlich ist diese Vorschrift für jedes wahrhafte Verständniß sittlicher und menschlicher Fragen, daß man sich, wo es einer wichtigen Wahrheit an Gegnern fehlt, diese erdenken und ihnen die stärksten Beweisgründe, die der geschickteste Teufelsadvokat nur ersinnen könnte, in den Mund legen muß.

Um die Stärke dieser Erwägungen abzuschwächen, ließe sich von einem Gegner des freien Meinungsverkehrs vielleicht einwenden, daß es für die Menschheit im Allgemeinen der Kenntniß und des Verständnisses all' der Gründe nicht bedürfe, die sich gegen oder für ihre Meinungen von Gottesgelehrten und Weltweisen vorbringen ließen. Daß der gemeine Mann nicht im Stande zu sein brauche, alle falsche Angaben oder Trugschlüsse eines scharfsinnigen Gegners aufzudecken. Daß es genüge, wenn nur stets irgend Jemand zu ihrer Widerlegung befähigt sei, so daß Nichts, was Ununterrichtete möglicherweise mißleiten könnte, unerwiedert bleibe. Daß der einfache Verstand, wenn man ihm die auffälligsten Gründe für die Wahrheiten, die man ihm eingepropft, beigebracht habe, für die übrigen der herkömmlichen Vorschrift vertrauen, und sich im Bewußtsein seiner ungenügenden Kenntnisse und Begabung, jede auftauchende Schwierigkeit zu lösen, mit der Zuversicht beruhigen dürfe, daß alle, die je auftauchten, von Denen, die zu der Aufgabe besonders geschult sind, beantwortet wurden oder beantwortet werden können.

Gesteht man dieser Anschauung der Sache Alles zu, was Seitens Derer verlangt werden kann, die sich mit dem geringsten

Aufwand von Einsicht, der dem Glauben an die Wahrheit zur Seite stehen sollte, zufrieden geben, so fallen doch selbst dann die Beweisgründe für den freien Meinungsverkehr nicht schwächer in's Gewicht. Denn selbst diese Ansicht erkennt an, daß der Menschheit eine vernünftige Zuversicht auf die befriedigende Erledigung aller Einwürfe innewohnen müsse, und wie sollten diese widerlegt werden, wenn das, was zu widerlegen ist, nicht ausgesprochen wird? Oder wie kann man sich von der Richtigkeit der Widerlegung überzeugen, wenn den Gegnern jede Gelegenheit fehlt, ihre Unrichtigkeit nachzuweisen? Wenn sich nicht das Publikum, oder wenigstens die Weltweisen und Gottesgelehrten, die die Schwierigkeiten lösen sollen, mit diesen Schwierigkeiten in ihrer trügerischsten Gestalt vertraut machen müssen — was nur geschehen kann, wenn man sie frei geltend machen und in ein möglichst günstiges Licht stellen darf. Die katholische Kirche wird mit dieser Verlegenheit in ihrer eigenen Weise fertig. Sie macht einen breiten Unterschied zwischen einer Klasse, der es gestattet sein soll, ihre Lehren aus Ueberzeugung anzunehmen, und einer anderen, die sich dazu auf Treu und Glauben bekennen soll. Eine Wahl, wozu sie sich bekennen wollen, ist zwar keiner von beiden gestattet; allein die Hierarchie, so weit man ihr wenigstens völlig vertrauen kann, darf sich erlaubter- und verdienstlicherweise mit den Beweisgründen der Gegner zum Zweck ihrer Widerlegung bekannt machen, und demgemäß auch ketzerische Bücher lesen; die Laien dagegen nur auf ausdrückliche Erlaubniß, die schwer zu erlangen ist. Diese Lehre erkennt demnach eine Kenntniß von des Gegners Sache für den Lehrer als wohlthätig, findet jedoch Mittel, sie in Uebereinstimmung damit, der übrigen Welt zu verweigern: so daß der kleinen Schaar der Auserwählten zwar eine höhere geistige Bildung, dagegen nicht mehr geistige Freiheit, als der Masse zugestanden wird. Durch dieses Auskunftsmittel gelingt es ihr, sich die Art von geistiger Ueberlegenheit, die ihre Zwecke verlangen, zu sichern; denn wenn auch Bildung ohne Freiheit noch niemals eine freie und weitherzige Gesinnung erzeugte, so kann sie doch einen gewandten nisi prius Sachwalter erziehen. Wo man sich jedoch in einem Lande zum Protestantismus bekennt, ist dieses Auskunftsmittel versagt; sofern die Protestanten wenigstens in der Theorie daran festhalten, daß die Verantwortlichkeit für die Wahl einer Religion von einem Jeden selbst getragen, und nicht auf irgend welche Lehrer abgewälzt werden sollte. Ueberdieß ist es in unseren heutigen Verhältnissen thatsächlich nicht möglich, Schriften, die die Unterrichteten lesen, den Ununterrichteten lange vorzuenthalten. Wenn die Lehrer der Menschheit mit Allem, was ihnen zu wissen ziemt, vertraut werden sollen, so muß auch Alles frei geschrieben und ohne Beschränkung veröffentlicht werden dürfen.

Wenn sich jedoch die nachtheilige Wirkung der Entbehrung eines freien Meinungsverkehrs, sofern die hergebrachten Meinungen wahr sind, darauf beschränkte, daß die Menschen über die Gründe ihrer Meinungen unwissend bleiben, so möchte man dieß, wenn für ein geistiges, doch nicht für ein sittliches Uebel halten, das dem Werth der Meinungen, soweit sie auf den Charakter einen Einfluß üben, Eintrag thut. Thatsächlich steht es jedoch so, daß wo es an dem Meinungsverkehre fehlt, nicht allein die Gründe, sondern häufig selbst die Bedeutung einer Meinung in Vergessenheit geräth. Die Worte, worin sie übertragen wird, hören auf Vorstellungen zu erwecken, oder erwecken die Vorstellungen, zu deren Mittheilung sie ursprünglich dienen sollen, nur noch zum geringsten Theil. An Stelle einer lebhaften Vorstellung und eines lebendigen Glaubens, bleiben nur ein Paar gewohnheitsmäßig eingewurzelte Redensarten; oder was von der Bedeutung übrig bleibt, sind nur die Schaalen und die Hülse, während der werthvolle Kern verloren geht. Welch' bedeutsames Gebiet der menschlichen Geschichte diese Thatsache umfaßt und ausfüllt, kann nicht eindringlich genug durchdacht und erwogen werden.

Wie es damit geht, wird durch fast alle ethischen Lehren und

Religionsbekenntnisse veranschaulicht. Diese sind voll Bedeutung und Wirkungskraft für ihre Stifter und die unmittelbaren Schüler dieser Stifter; und ihre Bedeutung wird mit unverminderter Stärke gefühlt und kommt vielleicht selbst noch zu klarerem Bewußtsein, so lange die Lehre oder der Glaube mit anderen Bekenntnissen um die Oberherrschaft zu kämpfen hat. Schließlich trägt dieser aber den Sieg davon und wird zur allgemeinen Meinung, oder sein Fortschritt geräth in's Stocken: er behauptet den einmal gewonnenen Boden, breitet sich jedoch nicht weiter aus; und wie nun erst der eine oder andere Erfolg augenscheinlich wird, so führt man die Erörterung über die Frage immer lässiger, bis sie allmälig ausgeht. Die Lehre hat nun ihren Platz errungen, wenn nicht als eine allgemeine Meinung, so als die Meinung einer anerkannten Sekte oder Meinungsschattirung; die sich nun dazu bekennen, haben sie in der Regel ererbt und nicht gewählt; die Bekehrung von der einen Lehre zur andern kommt selten mehr vor und hört daher auch auf, ihre Bekenner zu beschäftigen. Statt daher, wie anfänglich, beständig auf der Wache zu stehen, entweder um sich gegen die Welt zu vertheidigen, oder die Welt auf ihre Seite zu ziehen, lassen diese nun die Dinge lieber auf sich beruhen und vermeiden, soweit sie es helfen können, sowohl Gründe gegen ihr Bekenntniß anzuhören, als die davon Abweichenden (wenn es deren gibt), mit Gründen auf ihre Seite zu ziehen. Von diesem Zeitpunkt beginnt die Lehre in der Regel ihre lebendige Ueberzeugungskraft einzubüßen. Häufig hört man dann die Lehrer aller Bekenntnisse über die Schwierigkeit klagen, in den Gemüthern der Gläubigen eine lebendige Anschauung der dem Namen nach bekannten Wahrheit zu erwecken, so daß diese die Gefühle durchdringe, und eine wirkliche Herrschaft über die Handlungsweise erlange. Keine solche Klage läßt sich jedoch vernehmen, während das Bekenntniß noch um sein Dasein kämpft; selbst die schwächeren Streiter wissen und fühlen dann, um was sie kämpfen, und wie sich andere Bekenntnisse davon unterscheiden; und in diesem Lebensabschnitt einer jeden Lehre findet man daher auch nicht Wenige, die ihre Grundsätze von jedem Gesichtspunkte durchdacht, nach allen ihren wesentlichen Beziehungen erwogen, und die volle Wirkung erfahren haben, die der Glaube an diese Lehre auf den Charakter übt, sofern sich das Gemüth wirklich davon durchdrungen fühlt. Wird eine Lehre aber erst zu einer Ueberlieferung, der man mehr nachgibt, als daß man sich ihrer bemächtigte — ist man nicht mehr gezwungen, in demselben Grade geistig thätig in die Fragen, die die Lehre eröffnet, einzudringen, so nistet sich mehr und mehr die Neigung ein, alles an der Lehre bis auf ihre Formeln zu vergessen, oder sich mit einer trägen und stumpfen Zustimmung zu begnügen, — als wenn eine Annahme auf Treu und Glauben die Nothwendigkeit ausschlösse, sie mit dem Gewissen fest zu halten oder durch persönliche Erfahrung zu prüfen — bis sie beinahe aufhört, mit dem Innern in lebendige Berührung zu treten. Dann häufen sich die Fälle, die in unserem Zeitalter fast die Regel bilden, wo der Glaube das Gemüth gleichsam nur an der Außenseite versteinert und gegen jede Erregung der edleren Gefühle verhärtet; wo er noch Macht genug besitzt, um keine frische und lebendige Ueberzeugung hinein zu lassen, aber für Gemüth und Geist selbst nicht mehr bedeutet, als die Schildwache, die ein leeres Haus hütet.

In welchem Maße Lehren, die ihrem innern Wesen nach auf das Gemüth den tiefsten Eindruck machen sollten, als ein todter Glaube an der Oberfläche haften, ohne je in der Einbildungskraft, den Gefühlen und dem Verstande Wurzel zu fassen, zeigt die Art, wie die Mehrzahl der Gläubigen die Lehren des Christenthums befolgt. Unter Christenthum begreife ich hier, was alle Kirchen und Sekten darunter verstehen — die Grundsätze und Lebensregeln, die das Neue Testament enthält. Von Allen, die sich zum Christenthum bekennen, werden diese für heilig gehalten und als Gesetz anerkannt. Und doch ist es kaum zu viel gesagt, daß

sich unter tausend Christen nicht Einer in seiner Handlungsweise
durch diese Gesetze führen oder überwachen läßt. Was ihm als
Leitstern gilt, ist die Sitte seiner Nation, seiner Klasse, seines
religiösen Bekenntnisses. So besitzt er auf der einen Seite eine
Sammlung ethischer Grundsätze, die ihm, nach seinem Glauben,
durch eine unfehlbare Weisheit als Regeln für seine Lebensführung
offenbart wurden; und auf der andern Seite eine Anzahl von
Alltags-Ansichten und Gewohnheiten, die mit einigen unter jenen
Grundsätzen, bis zu einem gewissen Punkt, mit andern nicht ganz
so weit, mit manchen ganz und gar nicht übereinstimmen, und im
Ganzen nichts sind als ein Vergleich zwischen dem christlichen
Glauben und den Interessen und Eingebungen des Weltlebens.
Dem ersteren Sittengesetz huldigt er, dem letzteren hängt er in
Wirklichkeit an. Alle Christen glauben, daß die Armen und
Elenden und die in der Welt schlimm fahren, gesegnet sind; daß ein
Kameel eher durch ein Nadelöhr geht, als ein Reicher in's Him=
melreich; daß man nicht richten soll, um nicht wieder gerichtet zu
werden; daß Schwören eine Sünde ist; daß man seinen Nächsten
lieben soll, wie sich selbst; daß man dem, der den Mantel nimmt,
auch noch den Rock geben soll; daß man nicht für den morgen=
den Tag sorgen soll; daß man, um vollkommen zu werden, alle
seine Habe verkaufen und an die Armen geben soll. Es ist nicht
Unaufrichtigkeit, wenn sie sagen, daß sie an diese Dinge glauben.
Sie glauben daran, wie man an Alles glaubt, was stets gelobt
und nie angetastet wird. Allein im Sinne jenes lebendigen Glau=
bens, der die Handlungsweise regelt, glauben sie an diese Lehren
genau soweit, als man darnach zu handeln pflegt. Wörtlich
genommen, thun diese Lehren den Dienst, daß man den Gegnern
damit den Mund stopft; und herkömmlich müssen sie für alles
Löbliche, was man unternimmt, die Gründe hergeben. Wer sich
aber beikommen ließe, daran zu erinnern, daß diese Lehren eine
Unzahl von Dingen begreifen, die nie Jemand zu thun gedenkt,

würde dabei nichts gewinnen, als daß man ihn zu jener höchst
unbeliebten Klasse rechnet, die sich besser dünken, als andere Leute.
Die Masse der Gläubigen fühlt sich durch diese Lehren nicht
gepackt, ihr Inneres ist ihrer Gewalt nicht unterthan. Man hat
eine herkömmliche Achtung für ihren Klang, aber kein Gefühl,
das von den Worten auf die bezeichneten Dinge übergeht, und
die Seele zwingt, diese in sich aufzunehmen und den Formeln
anzupassen. Wo immer die Handlungsweise in Frage kommt,
schaut man nach dem Herrn A. und B. und vertraut seiner Lei=
tung, wie weit man Christus gehorchen soll.

Darauf aber dürfen wir uns verlassen, daß es sich mit
den ersten Christen nicht ebenso, sondern ganz anders verhielt
— andernfalls hätte sich das Christenthum nie von einer Sekte
verachteter Hebräer zur Religion des römischen Weltreichs aus=
gebreitet. Als ihre Feinde sagten: „Seht, wie sich diese Chri=
sten einander lieben" (eine Bemerkung, die heute so leicht nicht
vorkommen wird), hatten diese sicher ein ungleich lebendigeres
Gefühl der Bedeutung ihres Glaubens als je seitdem wieder. Und
damit mag es wohl auch zusammenhängen, daß das Christen=
thum sein Reich gegenwärtig so langsam ausbreitet, und nach
achtzehn Jahrhunderten noch nahezu auf Europäer und die Ab=
kömmlinge von Europäern beschränkt bleibt. Selbst den streng
Religiösen, die es mit ihren Glaubenslehren durchaus ernst meinen,
und vielen darunter eine strengere als die sonst übliche Bedeutung
beilegen, begegnet es in der Regel, daß der Theil, der sie verhältniß=
mäßig lebendig erregt, gerade der ist, der Calvin oder Knor, oder
sonst eine ihnen im Charakter verwandtere Person zum Urheber
hat. Die Aussprüche von Christus liegen daneben, und schlummern,
und bringen kaum eine andere Wirkung hervor als die nothwendig
schon das Anhören so liebenswürdiger und anmuthender Worte erregt.
Zweifellos gibt es mehr als eine Ursache, warum Lehren, die für
eine bestimmte Sekte das Unterscheidungszeichen bilden, im Vergleich

mit anderen, die allen anerkannten Sekten gemeinschaftlich sind, mehr Lebenskraft bewahren, und ihre Lehrer mehr bemüht sind, ihre Bedeutung lebendig zu erhalten: aber einer der Gründe ist sicher der, daß das Bekenntniß der Sekte mehr in Frage gestellt wird, und häufiger gegen offenen Widerspruch vertheidigt werden muß. Lehrer und Lernende schlafen auf ihrem Posten ein, wenn kein Feind mehr im Felde steht.

Das Gleiche gilt, allgemein gesprochen, von allen überlieferten Lehren — die der Klugheit und Lebenskenntniß nicht minder, wie die der Sittlichkeit und Religion. Alle Sprachen und Literaturen sind voll von allgemeinen Bemerkungen über das Leben, was es bedeutet und wie man es nehmen sollte; Bemerkungen, die Jeder kennt, die Jeder zustimmend wiederholt oder anhört, die für Gemeinplätze gelten, und deren Bedeutung doch die meisten erst dann kennen lernen, wenn sie sich durch eine in der Regel empfindliche Erfahrung mit Händen greifen läßt. Wie oft, wenn man sich unter einem unvorhergesehenen Unfall, einer Enttäuschung gedrückt fühlt, ruft man sich ein Sprüchwort, eine herkömmliche Redensart in's Gedächtniß, womit man sein Leben lang vertraut war, und deren Bedeutung, wenn man sie je wie in diesem Augenblicke gefühlt, vor dem Schaden bewahrt hätte. Es entspringt dies zwar nicht allein aus dem ungenügenden Meinungsverkehr: die Bedeutung vieler Wahrheiten kann nicht begriffen werden, ehe sie uns die eigne Erfahrung zu Gemüth führt. Aber die Bedeutung auch nur der Worte würde vollständiger erkannt, und was man davon verstand, ungleich tiefer eingeprägt werden, wenn man die Gründe für und gegen, von Leuten die sie begreifen, häufiger erörtern hörte. <u>Die unheilvolle Neigung, über die Dinge nicht mehr nachzudenken, sobald sie nicht mehr zweifelhaft sind, hat die Hälfte</u> aller menschlichen Irrthümer zu verantworten. Ein zeitgenössischer Schriftsteller spricht mit Recht „von dem tiefen Schlummer einer fertigen Meinung."

Aber wie! (könnte man fragen): ist der Mangel an Einmüthigkeit eine unentbehrliche Bedingung richtiger Erkenntniß? Ist es nothwendig, daß irgend ein Theil der Menschheit auf dem Irrthum beharre, damit man der Wahrheit überhaupt mächtig werde? Hört ein Glaubenssatz auf, wirklich und lebendig zu sein, sobald er allgemein angenommen wurde — und wird eine Behauptung nie von Grund aus begriffen und gefühlt, wenn nicht ein Zweifel zurückbleibt? Muß die Wahrheit in unserem Innern absterben, sobald sie einmüthig angenommen wird? Für das höchste Ziel und den schönsten Erfolg der wachsenden Aufklärung galt bisher die Einigung der Menschen in der Anerkennung aller wesentlichen Wahrheiten: und dauert die Aufklärung nur so lange, bis sie ihre Aufgabe vollbracht hat? Müssen die Früchte der Eroberung gerade durch die Vollständigkeit des Siegs zu Grunde gehen?

Ich behaupte nichts Dergleichen. Wie sich die Menschheit vervollkommnet, wird auch die Zahl der Lehren, die nicht länger bestritten oder bezweifelt werden, unausgesetzt zunehmen; und die menschliche Wohlfarth läßt sich beinahe an der Zahl und dem Gewichte der Wahrheiten messen, die an diesem Punkt angelangt und nicht ferner bestritten sind. Die Beendigung jedes ernsthaften Meinungsstreites über eine Frage nach der andern, geht mit der Befestigung der Meinungen nothwendig Hand in Hand, und diese Befestigung ist im Falle richtiger Meinungen ebenso heilsam, als sie gefährlich und verderblich wird, wo die Meinungen irrig sind. Aber obgleich diese allmälige Verengung der Schranken der Meinungsverschiedenheit in beiderlei Sinn des Wortes eine Nothwendigkeit: zugleich unvermeidlich und unentbehrlich ist, so werden wir dadurch doch nicht zu dem Schluß gezwungen, daß ihre Folgen auch sämmtlich wohlthätig sind. Der Verlust eines so wichtigen Hülfsmittels für einen klaren und lebendigen Begriff der Wahrheit, wie es die Nothwendigkeit, sie zu erklären und gegen Gegner zu vertheidigen, darbietet, ist zwar nicht ausreichend, den Vortheil ihrer

allgemeinen Anerkennung zu überwiegen, vermindert ihn aber doch
ganz wesentlich. Sofern diese Auskunft sich nicht länger darböte,
müßte ich mich in der That zu dem Wunsch bekennen, daß sich die
Lehrer der Menschheit nach einem Ersatzmittel umsähen, nach irgend
einer Vorkehrung, wodurch die Schwierigkeiten der Frage dem
Bewußtsein des Lernenden so nahe rückten, als wenn sie ihm der
Bekehrungseifer eines Gegners aufnöthigte.

Statt jedoch nach Vorkehrungen für diesen Zweck zu suchen,
sind diejenigen, die man früher besaß, in Abgang gekommen. Die
Sokratische Dialektik, wie sie die Gespräche des Plato so herrlich
veranschaulichen, war eine Vorkehrung dieser Art. Sie bestand
wesentlich in einer verneinenden Art von Erörterung aller großen
Fragen der Welt= und Lebensweisheit, die mit vollendetem Geschick
darauf ausging, einen Jeden, der die Gemeinplätze der herkömmlichen
Meinung nur so nachbetete, zu überführen, daß er den Gegenstand
nicht verstehe, — daß er den Lehren, wozu er sich bekenne, bis
jetzt noch keine bestimmte Meinung beilege: damit er, von seiner
Unwissenheit überzeugt, einem festen Glauben, der sich zugleich auf
eine deutliche Vorstellung der Meinung der Lehren und ihrer
Beweisgründe stütze, zugänglich werde. Die Schul=Disputationen
des Mittelalters verfolgten einen ähnlichen Zweck. Sie sollten da=
hin führen, daß der Zögling seine eigne Meinung, und (in
nothwendiger Wechselbeziehung) die entgegenstehende Meinung ver=
stehen, und die Gründe der einen geltend machen, und die der
andern widerlegen lerne. Die letzterwähnten Meinungskämpfe
litten freilich an dem unheilbaren Mangel, daß die Vordersätze,
worauf man sich berief, dem blinden Herkommen und nicht der
Vernunft entlehnt waren; und als eine Zucht des Geistes, waren
sie der kraftvollen Dialektik, woran sich der Verstand der „Socra-
tici viri" bildete, in jeder Weise untergeordnet; allein der Geist
der Neuzeit schuldet beiden ungleich mehr, als er gewöhnlich zuge=
stehen möchte, und die heutige Art der Erziehung enthält Nichts,

was im Geringsten die Stelle der einen oder andern ersetzen könnte. Wer unter uns seine gesammte Bildung den Lehrern oder Büchern entnimmt, ist selbst wenn er der naheliegenden Versuchung entgeht, sich mit Plunder zu begnügen, in keiner Weise veranlaßt, beide Seiten kennen zu lernen; folgeweise ist beide Seiten zu kennen, selbst unter Denkern ein nichts weniger als häufiger Vorzug, und das Schwächste, was ein Jeder zur Vertheidigung seiner Meinung vorzubringen weiß, in der Regel was den Gegner widerlegen soll. Es ist die Mode der heutigen Zeit, alle negative Logik — die theoretische Schwächen oder praktische Irrthümer nachweist, ohne positive Wahrheiten festzustellen, — gering zu achten. Als ein letztes Resultat wäre eine solche negative Beurtheilung allerdings ein ärmlicher Gewinn; als Mittel jedoch, irgend eine positive Kenntniß oder Ueberzeugung zu erwerben, die den Namen verdient, kann sie nicht hoch genug veranschlagt werden; und so lange man die Menschen nicht wieder planmäßig dazu erzieht, werden in allen, außer in den mathematischen und physikalischen Gebieten der Spekulation, der bedeutenden Denker nur wenige, und wird die Stufe der allgemeinen Bildung nur eine niedrige sein. Auf jedem anderen Gebiete kann Niemands Meinung auf den Namen der Kenntniß Anspruch machen, außer wenn er sich, sei es von selbst, sei es durch Andere dazu gedrängt, demselben geistigen Verfahren unterzog, wozu ihn ein lebhafter Meinungskampf mit Widersachern gedrängt hätte. Was demnach, wenn man es nicht haben kann, so unumgänglich, und so schwierig zu beschaffen ist, dem sollte man, mehr als unsinniger Weise, entsagen, wo es sich ganz von selber darbietet? Wenn es Leute gibt, die eine hergebrachte Meinung bestreiten, oder die sich dazu bereit finden, wenn es das Gesetz oder die öffentliche Meinung gestattet, so laßt uns ihnen danken, ihren Worten aufmerksam horchen, und uns freuen, daß Jemand da ist, und eine Mühe für uns übernimmt, die wir andernfalls, wenn uns die Gewißheit oder Lebenskraft unserer Ueberzeugungen irgendwie am Herzen liegt, mit ungleich mehr Mühe selber besorgen müßten.

Noch bleibt uns von einer der Hauptursachen zu reden, warum eine Verschiedenheit der Meinungen vortheilhaft erscheint und erscheinen muß, so lange die Menschheit nicht eine Stufe geistiger Entwicklung erreicht, die vorerst noch in unberechenbarer Entfernung liegt. Bisher haben wir nur zwei Möglichkeiten berücksichtigt: daß die hergebrachte Meinung irrig, und folgeweise irgend eine andere Meinung wahr sein kann; oder daß im Falle der Wahrheit der hergebrachten Meinung ein Kampf mit dem entgegenstehenden Irrthum, um die Wahrheit klar zu begreifen und tief zu fühlen, von Bedeutung ist. Es gibt jedoch einen Fall, der häufiger als diese beiden vorkommt, wo die streitenden Meinungen, statt die eine falsch, die andere wahr zu sein, die Wahrheit zwischen sich theilen, wo es der abweichenden Meinung bedarf, um den Rest der Wahrheit zu ergänzen, von der die hergebrachte Meinung nur einen Theil verkörpert. Allgemein verbreitete Meinungen über Gegenstände, die für die Sinne nicht greifbar sind, enthalten oft ein Stück, aber selten oder nie die ganze Wahrheit. Sie sind ein Theil der Wahrheit, manchmal ein größerer, manchmal ein kleinerer Theil, aber übertrieben, verzerrt und losgerissen von den Wahrheiten, wovon sie begleitet und beschränkt werden sollten. Ketzerische Meinungen andererseits enthalten in der Regel einige dieser unterdrückten und vernachlässigten Wahrheiten, die ihre seitherigen Fesseln sprengen, und sich entweder mit der in der hergebrachten Meinung enthaltenen Wahrheit zu vereinbaren streben, oder ihr feindselig gegenübertreten, um sich mit ähnlicher Ausschließlichkeit als die ganze Wahrheit zu gebärden. Der letztere Fall war bisher der häufigste, da in dem menschlichen Geist Einseitigkeit stets die Regel und Vielseitigkeit die Ausnahme bildet; und daher die Erscheinung, daß bei Meinungsumwälzungen gewöhnlich ein Theil der Wahrheit zu Boden fällt, während der andere in die Höhe steigt. Selbst der Fortschritt, der nur mehren sollte, ersetzt in der Regel nur eine einseitige und unvollständige Wahrheit durch die andere, und bewirkt eine Verbesserung nur, insofern das neue Bruchstück der Wahrheit nothwendiger, den Bedürfnissen der Zeit entsprechender ist, als das aus der Welt gedrängte. In Betracht dieses einseitigen Charakters der vorherrschenden Meinungen, auch wo diese auf einer wahren Grundlage ruhen, sollte man jede Meinung, die irgend einen Theil der von der herrschenden Meinung vernachlässigten Wahrheit verbirgt, werth halten, ob dieser Theil der Wahrheit auch mit noch soviel Irrthum gemengt und verwirrt ist. Kein nüchterner Beurtheiler menschlicher Dinge wird sich dadurch in Harnisch bringen lassen, daß diejenigen, die unsere Aufmerksamkeit auf Wahrheiten lenken, die wir sonst übersehen hätten, einige von denen, die wir sehen, übersehen. Er wird sich vielmehr sagen, daß so lange die allgemein beliebte Wahrheit einseitig ist, es eher wünschenswerth erscheint, daß auch die nicht beliebte Wahrheit ihre einseitigen Vertheidiger habe; sofern diese in der Regel am Entschlossensten ins Zeug gehen, und die Aufmerksamkeit, trotz allem Widerstreben, auf das Bruchstück der Wahrheit, das sie als das Ganze ausposaunen, zu lenken wissen.

So im achtzehnten Jahrhundert, als fast alle Gebildeten und alle Ungebildeten, die an ihrem Leitseil gingen, in Bewunderung der „Civilisation" und der Wunderwerke der neueren Wissenschaft, Literatur und Philosophie verloren waren, und, die Unähnlichkeit zwischen den Menschen der neueren und denen der älteren Zeiten höchlich überschätzend, im Glauben lebten, daß der ganze Unterschied zu ihren Gunsten sei. Welch' heilsame Erschütterung brachten damals die Paradoxen Rousseau's hervor, als sie wie platzende Bomben die festgeschlossene Masse einseitiger Meinungen auseinandersprengten, und einer Wiedervereinigung der Elemente in einer geläuterten Gestalt und mit neuen Bestandtheilen bereichert, den Weg bahnten. Nicht als ob die gangbaren Meinungen im Ganzen von der Wahrheit waren als diejenigen Rousseau's; im Gegentheil sie waren näher daran, sie enthielten mehr ausgemachte Wahrheiten und sehr viel weniger Irrthum. Demungeachtet lag in Rousseau's Lehre und trieb mit ihr auf dem Strom der Meinungen, ein beträchtlicher Theil gerade derjenigen Wahrheiten, deren die allgemeine Meinung bedurfte; und darin bestand der Niederschlag, der als die Fluth wieder wich, zurückblieb. Der überlegene Werth eines einfachen Lebens, die entnervende und entsittlichende Wirkung der Fallstricke und Heucheleien eines gekünstelten Gesellschaftszustandes, sind Begriffe, die den gebildeten Geistern, seit Rousseau schrieb, nie wieder völlig abhanden kamen, und die auch mit der Zeit ihre gebührende Wirkung hervorbringen werden, obgleich sie gegenwärtig soviel wie jemals der Bestätigung bedürfen, und zwar der Bestätigung durch Thaten, denn die Gewalt der Worte ist über diesen Gegenstand nahezu erschöpft.

Um ein weiteres Beispiel zu nehmen, so ist es in der Politik beinahe ein Gemeinplatz, daß eine Partei der Ordnung oder der Stabilität, und eine Partei des Fortschritts oder der Reform, für einen gesunden Zustand des politischen Lebens solange gleich nothwendige Bestandtheile bilden, bis etwa die eine oder die andere ihren geistigen Gesichtskreis so erweitert hat, daß sie zugleich die Partei der Ordnung und des Fortschritts begreift, und zu unterscheiden weiß, sowohl was Erhaltung verdient, als was beseitigt werden sollte. Jede dieser Anschauungsweisen entlehnt ihren Nutzen von den Mängeln der andern, und nur ihrem gegenseitigen Widerspruch ist es zu danken, wenn sich eine jede in den Schranken des Vernünftigen und Heilsamen hält. Wo sich nicht die Vorliebe für Demokratie oder Aristokratie, für Eigenthum oder Gleichheit, für Genossenschaftswesen oder freien Wettwerb, für Freiheit oder Zucht, und alle die andern stehenden Gegensätze des handelnden Lebens mit gleicher Freiheit geltend machen, und mit gleicher Begabung und Kühnheit vertheidigen läßt, ist auch keine Aussicht, daß allen

Gegensätzen ihr Recht wiederfährt: die eine Schale wird dann zuversichtlich in die Höhe, die andere hinabsinken. Die Wahrheit in den großen Fragen des handelnden Lebens ist so sehr eine Aufgabe der Versöhnung und Vereinigung von Gegensätzen, daß nur Wenige einen hinreichend weiten und unbefangenen Blick besitzen, die Vermittlung auch nur annähernd richtig zu bewerkstelligen, und daß man sich dafür auf das gröbere Verfahren eines Kampfes zwischen Streitern, die unter feindlichen Bannern fechten, verlassen muß. Wenn über irgend eine der bedeutenden, eben genannten, offenen Fragen, die eine Meinung vor der andern entgegengesetzten ein besseres Anrecht nicht allein auf Duldung, sondern auf Ermuthigung und Unterstützung besitzt, so ist es die, die sich zur bestimmten Zeit und am bestimmten Ort zufälligerweise in der Minderheit befindet. Das ist die Meinung, die für diese Zeit die vernachlässigten Interessen, die Seite des menschlichen Wesens vertritt, die in Gefahr steht, weniger als ihr gebührt zu erhalten. Ich weiß wohl, daß in diesem Lande über die meisten dieser Fragen keinerlei Unduldsamkeit gegen abweichende Meinungen besteht. Ich führe sie nur an, um an zugestandenen und zahlreichen Beispielen die Allgemeingültigkeit der Thatsache zu erweisen, daß nur die Verschiedenheit der Meinungen in dem gegebenen Zustand des menschlichen Verstandes allen Seiten der Wahrheit eine Aussicht auf ehrliches Spiel gewährt. So oft sich Jemand findet, der von der anscheinenden Uebereinstimmung der Welt über irgend einen Gegenstand eine Ausnahme macht, so ist es auch dann, wenn sich die Welt im Recht befindet, stets wahrscheinlich, daß er für seine abweichende Ansicht irgend etwas Hörenswerthes vorzubringen weiß, und die Wahrheit Etwas durch sein Schweigen verlieren würde.

. Man könnte einwenden: „einige herkömmliche Grundsätze, insbesondere über die höchsten Lebensfragen, sind aber doch mehr als halbe Wahrheiten. Das christliche Sittengesetz, beispielsweise enthält die ganze Wahrheit über den Gegenstand, und wer eine davon abweichende Sittlichkeit lehrt, ist ganz und gar im Irrthum." Da unter allen Fällen gerade dieser für das handelnde Leben der wichtigste ist, so kann keiner geeigneter sein, den allgemeinen Grundsatz auf die Probe zu stellen. Ehe man jedoch darüber abspricht, was dem christlichen Sittengesetz entspricht und was nicht, wäre es wünschenswerth, in's Klare zu kommen, was unter dem christlichen Sittengesetz zu verstehen ist. Wenn man darunter das Sittengesetz des Neuen Testaments versteht, so nimmt es mich Wunder, wie irgend Jemand, der seine Kenntniß davon aus dem Buche selbst schöpft, annehmen kann, daß damit eine vollständige Sittenlehre verkündet oder beabsichtigt wurde. Die Heilige Schrift bezieht sich überall auf eine früher bestandene Sittenlehre, und beschränkt ihre Vorschriften auf die Einzelnheiten, worin diese Sittenlehre verbessert und durch eine weitere und höhere ersetzt werden sollte; sie drückt sich außerdem in höchst allgemeinen Worten aus, die man häufig unmöglich buchstäblich nehmen kann, und besitzt eher das Eindringliche der Dichtung oder Beredsamkeit als die Genauigkeit der Gesetzgebung. Noch nie ist es gelungen, daraus eine geordnete Sittenlehre zu entnehmen, ohne daß man diese überall aus dem Alten Testament, das heißt, aus einer Sittenordnung ergänzte, die wohl vollständiger, aber in vielen Beziehungen barbarisch, und nur für ein barbarisches Volk gemünzt ist. St. Paulus, ein erklärter Gegner dieser jüdischen Art, die Lehre seines Meisters auszulegen und ihre Lücken zu ergänzen, stützt sich nicht minder auf ein früher bestandenes Sittengesetz, nämlich das der Griechen und Römer; und seine Rathschläge für die Christen sind diesem in hohem Maß angepaßt, sogar bis zur anscheinenden Billigung der Sclaverei. Was man das christliche Sittengesetz nennt, aber eher das theologische nennen sollte, war nicht das Werk von Christus oder seiner Apostel, sondern ist viel spätern Ursprungs, indem es von der katholischen Kirche der ersten fünf Jahrhunderte allmälig aufgebaut, und von den Neuerern und

Protestanten zwar nicht unterschiedsloses angenommen, aber doch weit weniger verändert wurde, als man wohl erwarten sollte. Im Wesentlichen haben sich diese thatsächlich damit begnügt, die aus dem Mittelalter stammenden Zusätze zu beseitigen, um an ihrer Stelle eine jede Sekte neue, ihrem eigenen Charakter und Streben angepaßte, Zusätze einzuschalten. Daß die Menschheit diesem Sittengesetz und seinen ersten Verkündern sehr viel schuldet, werde ich zuletzt leugnen; aber ich scheue mich nicht zu sagen, daß es in vielen wesentlichen Punkten unvollständig und einseitig ist, und daß, wenn nicht Begriffe und Gefühle, die es nicht heiligt, zur Bildung des europäischen Lebens und Charakters beigetragen hätten, die menschlichen Anliegen in einem schlimmeren Zustand wären, als sie gegenwärtig sind. Das (sogenannte) christliche Sittengesetz trägt ganz den Charakter eines Rückschlags; es ist zum guten Theil ein Widerspruch gegen das Heidenthum. Sein Ideal ist eher abmahnender als anspornender, duldender als schöpferischer Art; eher eine unschuldige als edle Gesinnung; eher die Enthaltung von dem Bösen als ein muthiges Streben nach dem Guten: in seinen Vorschriften hat (wie man treffend bemerkte) das „du sollst nicht" ein ungehöriges Uebergewicht über das „du sollst." In seinem Abscheu vor aller Sittenlosigkeit erhob es eine Enthaltsamkeit in den Himmel, die sich dann allmälig zu einem Kerne für unsere irdischen Gesetze verdichtete. Als die geoffenbarten und ziemenden Beweggründe eines tugendhaften Lebens stellt es die Hoffnung auf den Himmel und den Schrecken der Hölle in Aussicht, und thut so, was an ihm liegt, um, von einem viel tieferen Standpunkt als die Weisen der alten Welt, der Sittlichkeit einen wesentlich selbstsüchtigen Charakter zu verleihen, indem damit eines Jeden Pflichtgefühl insoweit den Anliegen seiner Mitmenschen entfremdet wird, als ihn zu ihrer Beachtung nicht gleichzeitig ein eignes (überirdisches) Anliegen treibt. Es ist wesentlich eine Lehre des leidenden Gehorsams; es lehrt Unterwürfigkeit gegen jede ein=

mal bestehende Gewalt, der man zwar im Fall eines von der Religion untersagten Gebots nicht thätig gehorchen, gegen die man sich aber trotz alles Uebels, das sie uns selbst zufügen mag, unter keiner Bedingung auflehnen oder gar erheben soll. Und während in dem Sittengesetz der vorzüglichsten heidnischen Nationen die Pflichten gegen den Staat sogar einen unverhältnißmäßigen Raum einnehmen und die Freiheit der Einzelnen ungebürlich beschränken, wird in dem rein christlichen Sittengesetz dieses große Pflichtengebiet kaum berührt oder anerkannt. Es ist der Koran und nicht das Neue Testament, der den Grundsatz enthält: „Ein Herrscher, der einen Mann zu einem Amte beruft, wenn sich dafür in seinem Reiche ein anderer, besser befähigter Mann vorfindet, sündigt gegen Gott und gegen den Staat." Was für geringe Anerkennung der Begriff der Verpflichtung gegen das Gemeinwesen in unserem heutigen Sittengesetz findet, entspringt durchweg aus griechischen und römischen, und nicht aus christlichen Quellen; und selbst was das Sittengesetz des Privatlebens, von Hochsinn, geistiger Erhabenheit, persönlicher Würde, ja selbst von Ehrgefühl enthält, stammt aus dem rein menschlichen, nicht dem religiösen Theile unserer Erziehung, und konnte auch niemals aus einer Sittenlehre erwachsen, worin der einzige ausdrücklich anerkannte Maßstab des Menschenwerths, der des Gehorsams ist.

Ich bin so weit wie irgend Jemand von der Behauptung entfernt, daß diese Mängel der christlichen Sittenlehre nothwendig, wie man sie auch auffassen mag, anhaften, oder daß die vielen Anforderungen an eine vollständige Sittenlehre, die nicht darin enthalten sind, sich nicht damit versöhnen ließen. Noch weniger will ich dies von den Lehren und Vorschriften von Christus selber behaupten. Ich glaube, daß die Aussprüche von Christus Alles bedeuten, was sie, soweit die Auslegung nur reicht, bedeuten sollten; daß sie mit nichts unvereinbar sind, was ein umfassendes Sittengesetz verlangt; daß Alles, was in der Sittenlehre Werth

hat, hineingelegt werden kann, ohne darum der Sprache eine
größere Gewalt anzuthun, als noch von Allen geschah, die daraus
ein Gesetzbuch für das handelnde Leben abzuleiten versuchten. Allein
damit verträgt sich recht wohl der Glaube, daß sie nur einen Theil
der Wahrheit enthalten, und auch enthalten sollten; daß viele
wesentliche Bestandtheile der höchsten Sittlichkeit unter die Dinge
gehören, die in den überlieferten Predigten des Gründers des
Christenthums nicht vorgesehen sind, und auch nicht vorgesehen
werden sollten, und die in dem Sittengesetzbuch, wie es auf Grund=
lage dieser Aussprüche von der christlichen Kirche errichtet ist, ganz
zur Seite geworfen wurden. Und bei diesem Sachverhalt halte
ich es für einen schweren Irrthum, wenn man darauf beharrt, in
der christlichen Lehre eine vollständige Regel für unsere Lebensfüh=
rung zu suchen, die sie nach der Absicht ihres Urhebers wohl
heiligen und einschärfen, aber nur theilweise enthalten sollte. Ich
glaube außerdem, daß diese engherzige Anschauung auch thatsäch=
lich zu einem schweren Uebelstande führt, und der sittlichen Zucht
und Belehrung, um deren Förderung sich nun endlich so viele
Wohlmeinende eifrig annehmen, keinen kleinen Abbruch thut. Ich
fürchte sehr, daß bei dem Versuche Geist und Gemüth nach einem
ausschließlich religiösen Vorbild und mit Ausschluß jener weltlichen
Muster (wie man sie in Ermanglung eines besseren Namens nen=
nen kann) zu bilden, die bis dahin gleichzeitig mit der christlichen
Religion bestanden und sich mit ihr geistig gegenseitig durchdrungen
und ergänzt hatten, nichts herauskommen wird, ja schon gegen=
wärtig nichts herauskommt, als eine Art von niedrigem, elendig=
lichem, kriechendem Charakter, der, so sehr er sich vor dem, was
er für des Allmächtigen Willen hält, demüthigen mag, doch
unfähig ist, sich mit wahrer Herzensfreudigkeit zu dem Begriffe
des Allgütigen zu erheben. Ich glaube, daß andre Sittengesetze,
als die aus ausschließlich christlichen Quellen geschöpften, den christ=
lichen Sittengesetzen zur Seite stehen müssen, um die sittliche

Wiedergeburt der Menschheit zu bewirken; und daß die christliche Lehre keine Ausnahme von der Regel bildet, daß auf einer noch unvollkommenen Stufe unserer geistigen Entwicklung die Wahrheit nur durch die Verschiedenheit und den Widerstreit der Meinungen gedeiht. Es ist nicht nöthig, daß die Menschen, wenn sie erst aufhören, sich um die im Christenthum nicht enthaltenen Wahrheiten nicht zu kümmern, um diejenigen, die es enthält, sich nicht mehr kümmern. Solch ein Vorurtheil oder Versehen, sofern es vorkomnt, ist ganz und gar vom Uebel; dürfen wir nicht hoffen, stets davon befreit zu bleiben, so müssen wir es als den Preis betrachten, der für ein unschätzbares Gut entrichtet wird. Gegen den ausschließenden Anspruch, daß sich ein Theil der Wahrheit für das Ganze ausgibt, muß und sollte aber Verwahrung eingelegt werden; und wenn in Folge eines künftigen Rückschlags die Protestirenden ihrerseits ungerecht werden, so muß diese Einseitigkeit, ob man sie auch wie jede andere beklagen mag, doch geduldet werden. Wenn die Christen die Ungläubigen Gerechtigkeit gegen das Christenthum lehren wollen, so sollten sie damit anfangen, gegen den Unglauben gerecht zu sein. Es kann der Wahrheit kein Dienst damit geschehen, wenn man vor der Welt, sofern sie nur die allergewöhnlichsten literaturgeschichtlichen Kenntnisse besitzt, die bekannte Thatsache verdunkelt, daß die edelsten und werthvollsten Sittenlehren zum großen Theil das Werk nicht nur von Männern waren, die den christlichen Glauben nicht kannten, sondern auch von Männern, die ihn kannten und verwarfen.

Ich will nicht behaupten, daß der unbeschränkteste Gebrauch der Freiheit, alle möglichen Meinungen geltend zu machen, den Uebelständen des religiösen oder philosophischen Sektenwesens ein Ende machen würde. Von jeder Wahrheit, die Männern von beschränkter Begabung am Herzen liegt, darf man sicher sein, daß sie geltend gemacht, eingepflanzt und vielfältig selbst befolgt werden wird, als wenn gar keine andere Wahrheit, oder wenigstens keine in der Welt bestünde, die die andere beschränken oder erläutern könnte. Ich gestehe zu, daß die Neigung aller Meinungen, sich als Sekten abzuschließen, durch den freiesten Meinungsverkehr nicht geheilt, sondern dadurch oft nur verstärkt und verbittert wird; sofern man die Wahrheit, die man beachten sollte, aber nicht beachtet hat, nur um so heftiger zurückweist, weil sie von vermeintlichen Widersachern verkündet wird. Allein es ist auch nicht auf den leidenschaftlichen Parteimann, es ist auf die ruhigere und unbefangnere Umgebung, daß dieser Zusammenstoß der Meinungen seine heilsame Wirkung äußert. Nicht der laute Kampf zwischen den Theilen der Wahrheit, sondern die stille Unterdrückung der Hälfte davon, ist das Uebel, das droht; solange die Menschen beide Seiten anzuhören gezwungen sind, bleibt immer Hoffnung; erst wenn sie nur auf die eine merken, verhärten die Irrthümer zu Vorurtheilen, und hört die Wahrheit selbst auf als Wahrheit zu wirken, indem sie bis zur Verkehrtheit übertrieben wird. Und da wenige Geisteseigenschaften seltner sind, als jene richterliche Fähigkeit, zwischen zwei Seiten einer Frage, wovon blos der Sachverhalt der einen gegenwärtig ist, ein umsichtiges Urtheil zu fällen, so hat die Wahrheit, um durchzudringen, nur im Verhältniß Aussicht, als jede ihrer Seiten, jede Meinung, die irgend ein Theilchen der Wahrheit verkörpert, nicht allein Vertheidiger findet, sondern auch so vertheidigt wird, daß man auf sie hören muß.

Wir haben uns nun von der Nothwendigkeit der Freiheit, sich seine Meinungen zu bilden und sie zu äußern, für das geistige Wohlbefinden der Menschheit (wovon ihr ganzes sonstiges Wohlbefinden abhängt) in Erwägung von vier verschiedenen Gründen überzeugt, die wir nun kurz wiederholen wollen.

Erstlich: wenn irgend eine Meinung zum Schweigen gezwungen wird, so kann diese Meinung, ohne daß wir mit Sicherheit das Gegentheil behaupten können, wahr sein. Dieß leugnen, heißt für uns selbst Unfehlbarkeit beanspruchen.

Zweitens: obgleich die unterdrückte Meinung ein Irrthum sein mag, so ist es doch möglich, und kommt sehr häufig vor, daß sie ein Theilchen Wahrheit enthält; und sofern die allgemeine oder vorherrschende Meinung über irgend einen Gegenstand sehr selten oder niemals die ganze Wahrheit enthält, so hat der Rest der Wahrheit nur durch den Zusammenstoß entgegengesetzter Meinungen irgend eine Aussicht zum Vorschein zu kommen.

Drittens: selbst wenn die hergebrachte Meinung nicht allein wahr, sondern die ganze Wahrheit ist, so wird sie, wenn es nicht gestattet ist, sie kräftig und rückhaltslos zu bestreiten, von den meisten ihrer Anhänger in der Art eines Vorurtheils, mit wenig Verständniß oder Gefühl für ihre vernünftige Grundlage, festgehalten werden. Und nicht nur dieß, es wird auch viertens: die Meinung der Lehre selbst Gefahr laufen, verloren zu geh'n, oder abgeschwächt und ihres belebenden Einflusses auf den Charakter und die Handlungsweise beraubt zu werden, indem dann der Lehrsatz zu einem bloß formalen Bekenntniß wird, das unfähig zu allem Guten, nur den Raum wegnimmt, und das Wachsthum irgend welcher wahrhaften und tiefgefühlten Ueberzeugung aus der Vernunft oder persönlichen Erfahrung verhindert.

Ehe wir die Frage der freien Meinungsäußerung verlassen, verdient noch die Ansicht eine beiläufige Beachtung, wonach zwar allen Meinungen eine freie Aeußerung gestattet werden soll, doch nur unter der Bedingung, daß dieß in maßvoller Weise geschehe, und die Gränzen eines anständigen Redeverkehrs dabei nicht überschritten werden. Ueber die Unmöglichkeit, den Punkt für die Festsetzung dieser vermeintlichen Gränzen zu finden, ließe sich viel sagen; denn wenn die Beleidigung derjenigen, deren Meinung man angreift, dafür maßgebend sein soll, so bezeugt, denke ich, die Erfahrung, daß diese sich beleidigt fühlen, so wie der Angriff wirkt und Nachdruck besitzt, und daß jeder Gegner, der sie hart angreift und in die Enge treibt, so wie er dabei nur irgend ein

lebendiges Gefühl an den Tag legt, im Lichte eines maßlosen
Gegners erscheint. Doch verschmilzt diese Erwägung, wenn auch von
einem praktischen Standpunkte aus von wesentlicher Bedeutung, mit
einem grundsätzlicheren Einwurf. Unzweifelhaft kann die Art eine
Meinung zu behaupten, auch wenn diese wahr ist, durchaus unge=
rechtfertigt sein und mit Recht strengen Tadel verdienen. Allein bei
den hauptsächlichsten Beleidigungen der Art ist eine Ueberführung,
es sei denn durch zufälliges Selbstgeständniß, großentheils unmöglich.
Am schwersten wird dadurch gesündigt, daß man Trugschlüsse
unterschiebt, Thatsachen oder Beweisgründe unterdrückt, die Umstände
des Falls falsch angibt, oder die gegnerische Meinung verdreht.
Allein all' das geschieht, und zwar im allerschlimmsten Grade,
fortwährend in vollkommen gutem Glauben von Personen, die
weder für unwissend oder unbefähigt gelten, noch auch vielleicht in
vielen andern Beziehungen gelten können, so daß es selten möglich
ist, eine falsche Darstellung auf zureichende Gründe hin mit gutem
Gewissen als sittlich verwerflich zu kennzeichnen, und noch weniger
das Gesetz sich herausnehmen sollte, sich in diese Art von Rede=
Vergehen einzumengen. Eine solche Verpönung der als maßlos
bezeichneten Ausdrucksweise, also der Beschimpfung, Verhöhnung,
Beleidigung u. s. w. möchte unsere Theilnahme vielleicht in höhe=
rem Grade verdienen, wenn man je daran dächte, sie zugleich
beiden Theilen zu untersagen; was man jedoch damit erstrebt,
ist nur eine Beschränkung ihrer Anwendung gegen die vorherr=
schende Meinung: gegen die nicht herrschende wird ihr Gebrauch
nicht allein ohne allgemeine Mißbilligung nachgesehen, er wird auch
dem, der sich ihrer bedient, wahrscheinlich das Lob redlichen Eifers
und gerechten Unwillens eintragen. Und doch entsteht aus ihrem
Gebrauch gerade dann am meisten Unheil, wenn man sie gegen
die vergleichsweise Vertheidigungslosen wendet: und die unredlichen
Vortheile, die sich eine Meinung durch solche Mittel verschaffen
kann, kommen fast ausschließlich den hergebrachten Meinungen zu

statten. Die schlimmste Beleidigung dieser Art, die man in der Hitze des Wortgefechtes begehen kann, ist die Anhänger der entgegengesetzten Meinung als schlechte und unmoralische Menschen zu brandmarken. Solchen Verläumdungen sind aber die Anhänger einer unbeliebten Meinung vorzugsweise ausgesetzt; in der Regel wenig zahlreich und ohne Einfluß kümmert sich außer ihnen selbst Niemand viel darum, ob ihnen Gerechtigkeit wiederfährt. Dagegen bleibt diese Waffe, der Natur des Falls nach, dem Angreifer einer vorherrschenden Meinung untersagt; weder läßt sich der Gebrauch derselben mit seiner eignen Sicherheit vereinen, noch wenn dieß gelänge, etwas Anderes erreichen, als daß die Waffe auf seine eigene Sache zurückspringt. Im Allgemeinen können sich Meinungen, die der vorherrschenden entgegen laufen, nur Gehör verschaffen durch eine gesuchte Mäßigung des Ausdruckes und die sorgsamste Vermeidung jeder unnöthigen Beleidigung; sie dürfen davon auch nicht den kleinsten Schritt abweichen, ohne alsbald an Boden zu verlieren; während gerade umgekehrt die Maßlosigkeit der Beschuldigungen von Seiten der herrschenden Meinung die Menschen wirklich abschreckt, sich zu entgegengesetzten Meinungen zu bekennen und ihren Bekennern Gehör zu schenken. Im Interesse der Wahrheit und Gerechtigkeit liegt es daher weit mehr, daß die Anwendung einer beleidigenden Sprache auf dieser als daß sie auf der andern Seite gezügelt werde; es wäre z. B. wenn man wählen müßte, viel mehr Noth, beleidigende Angriffe auf die Ketzerei abzuhalten, als auf die Religion. Augenscheinlich haben sich jedoch Gesetz und Machtgebot so wenig in die einen wie in die andern zu mengen, während sich die Meinung ihren Richterspruch jedesmal nach den Umständen des besonderen Falls bilden sollte; bereit einen Jeden zu verurtheilen, auf welche Seite er sich stellen möge, der in der Führung seiner Sache Mangel an Aufrichtigkeit, oder Bosheit, oder starren Eigensinn und Unduldsamkeit an den Tag legt; dagegen entfernt davon diese Fehler von vornherein auf einer bestimmten Seite zu suchen, ob diese auch unserer eigenen Ansicht von der Frage geradezu entgegensteht; und stets darauf aus, einem Jeden, welches auch seine Meinung sei, die verdiente Ehre zu geben, sofern er seine Gegner und ihre Meinungen mit Seelenruhe beurtheilt und mit Aufrichtigkeit charakterisirt, nichts zu ihrem Nachtheile übertreibt, und nichts zurückhält, was für sie spricht, oder möglicherweise für sie sprechen könnte. Das ist die wahre Sittlichkeit im öffentlichen Meinungsverkehr; und wird sie auch oft verletzt, so lebe ich doch in der beglückenden Ueberzeugung, daß sie von vielen bedeutenden Meinungskämpen in hohem Maße beobachtet, und von einer noch viel größeren Anzahl gewissenhaft erstrebt wird.

3. Kapitel.

Ueber die Eigenthümlichkeit der Persönlichkeit als eine der Grundbedingungen des menschlichen Wohls.

Wir haben die Gründe kennen gelernt, die gebieterisch dafür sprechen, daß es den Menschen frei stehen sollte, sich Meinungen zu bilden, und ihre Meinungen ohne Rückhalt auszusprechen, und erörtert, welch' unheilvollen Einfluß es auf die geistige und folgeweise die sittliche Natur des Menschen übt, wenn man diese Freiheit verweigert, oder nicht trotz des Verbots geltend macht. Wir geh'n nun zu der Prüfung über, ob nicht dieselben Gründe auch für die Freiheit sprechen, seinen Meinungen gemäß zu handeln — diese im Leben durchzuführen, ohne Behinderung Seitens unserer Mitmenschen, sei diese physischer oder moralischer Natur: so lange es auf unsere eigene Wagniß und Gefahr geschieht. Dieser letztere Vorbehalt ist natürlich unumgänglich. Niemand verlangt, daß Handlungen so frei sein sollten wie Meinungen. Im Gegentheil verlieren selbst Meinungen ihre Straflosigkeit, wenn sie unter Umständen ausgedrückt werden, wodurch ihre Aeußerung zu irgend einer nachtheiligen Handlung unzweideutig Veranlassung gibt. Die

bloße Meinung, daß die Kornhändler die Armen aushungern, oder
daß das Eigenthum Diebstahl ist, sollte unbelästigt bleiben, so lange
sie nur in der Presse umläuft, kann jedoch mit Recht strafbar
werden, wenn man sie mündlich vor einem, das Haus eines Korn=
händlers umlagernden, erhitzten Pöbelhaufen ausdrückt, oder unter
demselben Haufen in Form eines Flugblatts verbreitet. Hand=
lungen, irgend welcher Art, die ohne gerechten Grund Anderen
einen Schaden zufügen, können und müssen in wichtigeren Fällen
unbedingt, durch die ungünstige Gesinnung, und wenn erforderlich,
durch die thätige Dazwischenkunft der Gesellschaft gezügelt werden.
So weit, daß Andere nicht dadurch belästigt werden, bedarf die
Freiheit jedes Einzelnen der Beschränkung. So fern man sich
jedoch jeder Belästigung Anderer in ihren eigenen Anliegen enthält,
und nur in Bezug auf seine eigenen Anliegen nach eigner Neigung
und Einsicht handelt, muß es auch, aus denselben Gründen, die
für die Freiheit der Meinungen entscheiden, gestattet sein, seine
Meinungen ohne Belästigung auf seine eigene Gefahr zu ver=
wirklichen. Daß die Menschen nicht unfehlbar sind; daß ihre
Wahrheiten großentheils nur halbe Wahrheiten sind; daß Ueberein=
stimmung der Meinungen, sofern sie nicht aus der umfassendsten
und freiesten Vergleichung entgegenstehender Meinungen entspringt,
nicht wünschenswerth, und Verschiedenheit der Meinungen, bis erst
die Fähigkeit der Menschen, alle Seiten der Wahrheit zu erkennen,
viel weiter ist, nicht zum Uebel, sondern zum Glück gereicht: sind
alles Grundsätze, die auf die Handlungsweise der Menschen nicht
minder passen wie auf ihre Meinungen. Gleichwie es nützlich ist, daß
in dem unvollkommenen Zustande der Menschen verschiedene Mei=
nungen bestehen, so auch, daß man jede Art zu leben gewähren
lasse, den verschiedensten Charakteren, soweit es ohne Benachthei=
ligung Anderer nur angeht, einen freien Spielraum für ihre Ent=
wicklung gestatte, um den Werth einer jeden Lebensart, sofern
nur Jemand den Versuch machen will, praktisch auf die Probe

zu stellen. Es ist, kurz gesagt, wünschenswerth, daß in Dingen, die nicht in erster Linie Andere betreffen, sich die Persönlichkeit geltend mache. Wo nicht der eigne Charakter, sondern die Ueberlieferungen oder Gewohnheiten anderer Leute das Leben regeln, fehlt eine der Grundbedingungen des menschlichen Glücks und die eigentliche Grundbedingung des persönlichen und gesellschaftlichen Fortschritts.

Die größte Schwierigkeit, der man bei Behauptung dieses Grundsatzes begegnet, liegt nicht in der Würdigung der Mittel, die zu einem anerkannten Ziele führen, sondern in der allgemeinen Gleichgültigkeit gegen das Ziel selbst. Wenn man sich bewußt wäre, daß die freieste Entwicklung der Persönlichkeit eine der Grundbedingungen des Wohlbefindens bildet, daß sie nicht nur mit all' den Bedingungen, die man mit den Worten: Gesittung, Unterricht, Erziehung, Bildung bezeichnet, auf gleichem Range steht, vielmehr einen nothwendigen Bestandtheil und eine unumgängliche Voraussetzung aller dieser Dingen bildet: so wäre auch keine Gefahr, daß man die Freiheit unterschätzte, und würde die Bestimmung der Gränzen zwischen ihr und der gesellschaftlichen Beschränkung keine ungewöhnlichen Schwierigkeiten darbieten. Allein das Schlimme ist, daß nach der gewöhnlichen Denkweise die Ursprünglichkeit der Persönlichkeit kaum als Etwas gilt, was einen innern Werth besäße, oder um seiner selbst willen irgend Berücksichtigung verdiente. Die Menge ist mit dem Thun und Treiben der Menschen, wie es einmal ist, zufrieden (denn ihr Werk ist es, wenn es so ist), und kann nicht begreifen, warum es nicht für Jedermann gut genug sein sollte; und was schwerer wiegt: jene Ursprünglichkeit gilt der Mehrzahl aller Sitten= und Gesellschaftsverbesserer nicht als das zu erstrebende Ideal, sondern wird eher mit eifersüchtigem Auge betrachtet, als ein ärgerliches und möglicherweise widerspenstiges Hinderniß gegen die allgemeine Annahme der Pläne, wobei sich die Menschheit, nach dem Urtheil dieser Weltverbesserer, weitaus am besten befinden würde. Sehr Wenige, außerhalb Deutschland, begreifen nur die Bedeutung der Lehre, die Wilhelm von Humboldt, der hervorragende Gelehrte und Staatsmann, zum Vorwurf einer Abhandlung wählte — daß „der wahre Zweck des Menschen, nicht der, welchen die wechselnde Neigung, sondern welchen die ewig unveränderliche Vernunft ihm vorschreibt, die höchste und proportionirlichste Bildung seiner Kräfte zu einem Ganzen" ist; daß daher die Aufgabe, „wonach der einzelne Mensch ewig ringen muß, und was der, welcher auf Menschen wirken will, nie aus den Augen verlieren darf, Eigenthümlichkeit der Kraft und der Bildung" ist; daß dazu zwei Erfordernisse „Freiheit und Mannigfaltigkeit der Situationen" unentbehrlich sind; daß aus der Verbindung beider „Kraft der Individuen und mannigfaltige Verschiedenheit" entspringt, die sich zur „Originalität" vereinen.

So wenig jedoch die Menge mit der Lehre Wilhelm von Humboldt's befreundet ist, und so befremdlich ihr diese hohe Werthschätzung der Persönlichkeit klingen mag, so liegt doch nahe, daß darüber eine Meinungsverschiedenheit nur dem Grade nach bestehen kann. Niemand trägt sich mit dem Ideale einer Vollkommenheit, wonach die Menschen nichts zu thun hätten, als sich gegenseitig nachzuahmen. Niemand würde behaupten wollen, daß man in seiner Art zu leben und seinen Anliegen nachzugehen, dem Einfluß des eigenen Urtheils oder des eigenen persönlichen Charakters unter keinen Umständen nachgeben sollte. Andererseits wäre zwar die Behauptung nicht minder thöricht, daß die Menschen so leben sollten, als ob die Welt, ehe sie selbst auf die Welt kamen, noch in dichter Finsterniß gelebt, als ob die Erfahrung bisher noch in keiner Weise für den Vorzug einer Art der Führung des Lebens vor der andern gesprochen hätte. Niemand leugnet, daß man den Menschen in der Jugend dazu belehren und erziehen sollte, daß ihm die erprobten Erfolge der menschlichen Erfahrung zu Wissen und Nutzen werden. Allein im Alter der Reife angelangt, ist es das Vorrecht und die richtige Stellung der mensch=

lichen Persönlichkeit, daß sie die Erfahrung in ihrer eigenen Weise
auslege und benütze. Sie selbst muß ausfindig machen, welcher
Theil der überlieferten Erfahrung ihren eigenen Umständen und
ihrem eigenen Charakter wirklich ansteht. Die Ueberlieferungen
und Sitten anderer Leute beweisen, bis zu einem gewissen Grade,
was sie die Erfahrung gelehrt hat; beweisen dies wenigstens vorläufig, und haben insofern auch Anspruch auf Achtung. Allein
einmal kann ihre Erfahrung zu beschränkt sein, oder sie haben sie
vielleicht nicht richtig ausgelegt. Sodann kann ihre Auslegung
der Erfahrung immerhin richtig, aber darum doch für Andere nicht
passend sein. Gewohnheiten treten in's Leben für gewöhnliche
Umstände und gewöhnliche Charaktere: ihre Umstände oder ihr
Charakter sind aber ungewöhnlicher Art. Endlich mögen die Gewohnheiten an sich noch so gut sein und auch für Andere passen, so
wird doch das Anschmiegen an die Gewohnheit, nur als Gewohnheit, keine der Eigenschaften in uns großziehen oder ausbilden,
die die unterscheidende Begabung menschlicher Wesen bilden. Die
Eigenschaften der Wahrnehmung, des Urtheils, des Unterscheidungs-
vermögens, der geistigen Strebsamkeit und selbst die sittlichen Neigungen, werden nur geübt, wo man seine eigene Wahl trifft. Wer
aber Etwas thut, weil es so Sitte ist, trifft keine Wahl. Er
erlangt keine Fertigkeit, das Gute zu unterscheiden oder zu wünschen. Die Kräfte des Geistes und der Sittlichkeit werden wie
die des Körpers nur durch Uebung vervollkommnet. Die Fähigkeiten werden ebensowenig geübt, wenn man Etwas thut, nur weil
es Andere thun, als wenn man Etwas glaubt, nur weil es Andere glauben. Wenn die Gründe einer Meinung für Jemands
eigne Vernunft nicht überzeugend sind, so wird seine Vernunft
durch ihre Annahme nicht gestärkt, eher geschwächt werden; und
wenn die Antriebe zu einer Handlung seinen eigenen Gefühlen
und seinem Charakter nicht entsprechen (sofern nicht die Neigungen
oder die Rechte Anderer in Frage stehen), so werden dadurch seine

Gefühle und sein Charakter nur um soviel stumpfer und träger statt kräftiger und thätiger werden.

Wer sich von der Welt oder seiner Umgebung seinen Lebensplan vorzeichnen läßt, bedarf keiner andern Fähigkeit, als der der affenartigen Nachahmung. Wer sich seinen Plan selbst macht, bringt alle seine Fähigkeiten in Anwendung. Er bedarf der Beobachtung, um zu sehen, der Urtheilskraft und Ueberlegung, um zu unterscheiden, der Regsamkeit, um den Stoff für seine Entschlüsse zu sammeln, der Umsicht, um seinen Entschluß zu treffen, und wenn er sich entschlossen hat, der Festigkeit und Selbstbeherrschung, um an seinem wohlerwogenen Entschlusse festzuhalten. Und diese Eigenschaften bedarf er und übt er genau im Verhältniß, als er seine Handlungsweise in weiterem Umfang nach seinem eigenen Urtheil und seinen eigenen Gefühlen regelt. Möglicherweise würde er auch ohnedem auf den rechten Weg geführt und vor Schaden bewahrt. Allein welche Stufe auf der Leiter des Menschenwerths wird er dann einnehmen? In der That ist es von Bedeutung nicht allein, was durch die Menschen geschieht, sondern auch was für eine Art Menschen es sind, durch die Etwas geschieht. Unter den Werken, deren Vervollkommnung und Verschönerung der Mensch lebt, ist seiner Bedeutung nach das höchste sicher der Mensch selbst. Wäre es möglich, daß wir uns, um unsere Häuser zu mauern, unsere Früchte zu bauen, unsere Schlachten zu fechten, unsere Prozesse zu führen, und selbst um unsere Kirchen aufzurichten und unsere Gebete herzusagen, der Maschinen — der Automaten in menschlicher Form bedienten, so würden wir doch bei dem Eintausche dieser Automaten selbst gegen die Männer und Frauen beträchtlich verlieren, die gegenwärtig die civilisirte Erde bewohnen, obgleich in diesen, was die Natur hervorbringen kann und wird, sicher nur sehr verkümmert zur Erscheinung kommt. Die menschliche Natur ist keine Maschine, die man nach einem bestimmten Plane baut, und zu einer genau vorgeschriebenen Arbeit anhält; sie ist ein

Baum, der nach allen Richtungen, wohinaus die inneren Kräfte, die daraus ein lebendes Wesen machen, verlangen, weiter wachsen und sich entwickeln will.

Muthmaßlich wird man es nun zwar für wünschenswerth gelten lassen, daß die Menschen ihren eigenen Verstand gebrauchen, und daß eine verständige Prüfung, oder selbst eine gelegentliche Abweichung besser taugt, als ein blindes und rein mechanisches Anhängen an der Sitte. Von dem Verstande gibt man zu, daß er bis zu einem gewissen Grade unser eigen bleiben muß: allein nicht mit gleicher Bereitwilligkeit wird zugegeben, daß auch unsere Wünsche und Antriebe unser eigen sein sollten, oder daß der Besitz von eigenen und irgend starken Antrieben etwas Anderes als Gefahren und Versuchungen eintrage. Und doch sind Wünsche und Antriebe nicht weniger ein Theil eines vollkommenen Wesens, als der Glaube und die sittliche Selbstbeschränkung, und starke Antriebe nur dann eine Gefahr, wenn sie nicht im rechten Gleichgewicht stehen: wenn eine Art von Bestrebungen und Neigungen kräftig entwickelt ist, während andere, die damit zusammengehen sollten, schwach und unthätig bleiben. Es ist nicht die Stärke unserer Wünsche, es ist die Schwäche unseres Gewissens, die uns zum Bösen verführt. Zwischen starken Antrieben und einem schwachen Gewissen besteht aber keine natürliche Verbindung. Die natürliche Verbindung liegt auf der entgegengesetzten Seite. Spricht man von der besonderen Stärke und von der Mannichfaltigkeit der Gefühle und Wünsche eines Menschen, so heißt das nur, daß er von dem Rohmaterial der Natur um so viel mehr besitzt, und daher vielleicht mehr Böses, sicher aber auch mehr Gutes zu thun vermag. Starke Antriebe sind nur ein andrer Name für Willenskraft. Man kann diese auf schlechte Zwecke wenden, allein mit einer willenskräftigen Natur läßt sich unter allen Umständen mehr Gutes ausrichten, als mit einer trägen und stumpfen. Mit einem starken natürlichen Gefühl geht die Möglichkeit eines vollkommen gebildeten

Gefühls Hand in Hand. Die Stärke der Empfänglichkeit, die unseren Antrieben ihre Lebendigkeit und Kraft verleiht, ist zugleich die Quelle, woraus die leidenschaftlichste Liebe zum Guten und die strengste Selbstüberwindung entspringen. Nur indem die Gesellschaft diese Eigenschaften pflegt, erfüllt sie ihre Pflicht und schützt sie zugleich ihre Anliegen; nicht indem sie den Stoff, woraus sich Thaten bilden, wegwirft, weil sie ihn nicht zu bilden versteht. Charakter schreibt man nur dem zu, dessen Wünsche und Antriebe sein eigen sind — der Ausdruck seiner eigenen Natur, wie sie durch sein eigenes Bildungsstreben entwickelt und umgestaltet wurde. Wer keine eigenen Wünsche und Antriebe hat, besitzt so wenig einen Charakter, wie eine Dampfmaschine einen Charakter hat. Sind dagegen seine Wünsche, nebendem daß sie sein eigen sind, auch stark und unter der Herrschaft eines starken Willens, so hat er einen willenskräftigen Charakter. Wer der Ansicht ist, daß man die Entfaltung der die Persönlichkeit erfüllenden Wünsche und Antriebe nicht ermuthigen sollte, muß sich zu der Ansicht bekennen, daß die Gesellschaft keiner starken Naturen bedarf — nicht besser daran ist, sofern eine Anzahl ihrer Mitglieder viel Charakter besitzt — und daß ihr ein durchschnittlich hoher Grad von Willenskraft nicht zu wünschen wäre. Auf früheren Stufen der gesellschaftlichen Entwicklung mochten diese Kräfte der Gewalt der Gesellschaft, sie zu leiten und im Zaume zu halten, in der That zu weit voraus sein. Es gab eine Zeit, wo die Lebensbedingung der persönlichen Ursprünglichkeit im Uebermaß vorhanden war, und das gesellschaftliche Lebensprincip hart damit ringen mußte. Womit jene Zeit zu kämpfen hatte, war die Schwierigkeit, wie man Männer, voll Kraft an Körper und Geist, unter die Herrschaft einer Regel beuge, die ihren natürlichen Antrieben einen Zügel anlegte. Um diese Schwierigkeit zu überwinden, machten Gesetz und Zucht, wie in dem Kampfe der Päbste gegen die Kaiser, ihre Gewalt über den ganzen Menschen geltend; um den Charakter zu zügeln, sollte das ganze Leben dem Zügel gehorchen. Der damaligen Gesellschaft stand noch kein anderes Mittel zu Gebot, das zur Bändigung der Naturen ausgereicht hätte. Allein die Gesellschaft von Heute ist über die Persönlichkeit vollständig Herr geworden, und die Gefahr, die nunmehr die menschliche Natur bedroht, ist nicht das Uebermaß sondern der Mangel persönlicher Antriebe und Neigungen. Es ist eine vollständige Umwälzung vorgegangen im Vergleich mit der Zeit, wo sich die Leidenschaften eines jeden, dem seine Stellung oder persönliche Begabung dazu Gewalt verlieh, gegen Gesetz und Ordnung im Zustand beständiger Auflehnung befanden, und der stärksten Einschränkung bedurften, wenn die Gesellschaft in ihrem Bereiche der Sicherheit nicht vollständig entbehren sollte. In unserer Zeit lebt ein Jeder, in den höchsten wie in den niedrigsten Klassen der Gesellschaft, gleichsam unter dem Auge einer eifersüchtigen und gefürchteten Censur. Nicht nur in dem was Andere angeht, sondern in dem was allein ihn selbst angeht, frägt nun jeder Einzelne, und jede Familie nicht mehr — was ziehe ich vor? oder was würde meinem Charakter und meinen Neigungen zusagen? oder, wie würde, was Tüchtiges und Hochstrebendes in mir liegt, am Ungehindertsten wachsen und gedeihen? Sie fragen sich, was paßt für meine Verhältnisse? wie handeln in der Regel die Leute in meiner Stellung und Vermögenslage? oder (schlimmer noch) wie handeln in der Regel die nach ihrer Stellung und Vermögenslage über mir Stehenden? — Damit will ich nicht sagen, daß man eher die Sitte als seine eigenen Neigungen befrage. Es fällt der heutigen Gesellschaft gar nicht bei, irgend eine Neigung außer der durch die Sitte geheiligten zu besitzen. Schon die innere Gesinnung muß sich unter das Joch beugen; selbst in dem was aus Liebhaberei geschieht, denkt jeder zuerst an das Vorbild Anderer; man mag nur, was der große Haufen mag; man wählt nur unter dem, was allgemein geschieht; Eigenthümlichkeit des Geschmacks, Absonderlichkeit des Betragens werden wie Verbrechen gemieden, und der eigenen Natur solange der Gehorsam versagt, bis keine Natur mehr da ist, der man gehorchen könnte; die menschlichen Anlagen schrumpfen zusammen und vertrocknen; man wird unfähig zu jedem innigen Wunsch, zu jeder angebornen Vorliebe und kann weder seine Meinungen noch Gefühle naturwüchsig oder im wahren Sinn sein eigen nennen: ist dieß wohl, oder ist dieß nicht die menschliche Natur, in der Verfassung, wie sie sein sollte?

Nach der Lehre Calvin's ist sie es in der That. Nach ihr ist die Erbsünde der Menschen der Eigen-Wille. Alles Gute, dessen die Menschheit fähig ist, geht im Gehorsam auf. Ihr habt keine Wahl: so müßt ihr handeln, und nicht anders: „was nicht Pflicht ist, ist Sünde:" und da die menschliche Natur von Grund aus verderbt ist, so gibt es für keinen eine Erlösung, sofern nicht die menschliche Natur in ihm abgetödtet ist. Wer sich zu dieser Lebensanschauung bekennt, hält die Unterdrückung irgend welcher menschlichen Eigenschaften, Fähigkeiten oder Empfänglichkeiten für kein Uebel; der Mensch bedarf keiner Fähigkeit, als daß er sich dem Willen Gottes anheim gibt: und besser für ihn, daß er einer Fähigkeit verlustig gehe, als daß er sie für einen Zweck verwende, der der wirksameren Durchführung dieses vermeintlichen Willens entgegensteht. Das ist die Lehre des Calvinismus, und in einer gemilderten Form bekennen sich dazu Viele, die sich nicht für Calvinisten halten; sie mildern die Lehre, indem sie dem vermeintlichen Willen Gottes eine weniger strenge Auslegung geben, indem sie ihn dahin deuten, daß der Mensch einige seiner Neigungen befriedigen solle: jedoch natürlich nicht in der ihm selbst zusagenden Art, sondern auf dem Wege des Gehorsams, das heißt auf einem ihm durch fremden Machtspruch vorgezeichneten, und daher, unter den unvermeidlichen Voraussetzungen des Falls, für Alle gleichen Wege.

Für diese engherzige Lebensanschauung, unter irgend einer dieser trügerischen Gestalten, und für das dadurch beförderte gedrückte und steifleinene Muster eines menschlichen Charakters zeigt sich gegenwärtig eine wachsende Neigung. Bei vielen ist es unzweifelhaft aufrichtig gemeint, daß der Schöpfer die Menschen zu dieser Einschnürung und Verkrüppelung bestimmt habe: gerade wie viele dafür hielten, daß die Bäume, wenn man sie wie einen alten Weidenstumpf oder zu Thierfiguren zurechtstutzt, doch ein ganz anderes Ansehen gewinnen. Wenn es jedoch irgendwie zur Religion gehört, an einen gütigen Schöpfer zu glauben, so verträgt sich damit die Ueberzeugung ungleich besser, daß uns dieses Wesen die menschlichen Fähigkeiten zu dem Zweck verlieh, damit wir sie pflegen und entwickeln, nicht aber ausrotten und verderben, und daß er an jeder Annäherung an den darin angedeuteten idealen Begriff eines Menschen, an allem Wachsthum unserer Urtheils-, Handlungs- und Genußfähigkeit seine Freude hat. Es gibt noch ein anderes Vorbild menschlicher Vollkommenheit als das Calvinistische; eine Lebensschauung, die der Menschheit eine andere natürliche Bestimmung zuerkennt, als die der bloßen Verleugnung des eignen Selbst. „Heidnische Selbst-Behauptung" ist eines der Elemente des menschlichen Werths so gut wie „christliche Selbst-Entsagung." Es gibt ein griechisches Ideal der Selbstentwicklung, womit das platonische und christliche Ideal der Selbstbeschränkung verschwimmt, ohne jedoch damit zusammenzufallen. Es mag besser sein, ein John Knox als ein Alcibiades zu sein, aber mehr als beide gilt uns ein Perikles; was John Knox auszeichnete, würde auch einem Perikles, wenn es einen gäbe, heutzutage nicht entgehen.

Nicht indem wir alles Eigenthümliche an unserem Selbst zur Einförmigkeit verhunzen, sondern indem wir es innerhalb der durch die Rechte und Interessen Anderer vorgezeichneten Gränzen, pflegen und hervorlocken, wird aus der menschlichen Natur ein erhebender und schöner Gegenstand der Betrachtung; und wie jedes Werk den Geist seines Urhebers spiegelt, so wird sich auf diesem Wege auch unser äußeres Leben reicher, mannigfaltiger und belebter gestalten: ein Heerd für eine Fülle hochstrebender Gedanken und erhebender Gefühle, und ein Bindemittel, das, indem es den Werth der Gattung unendlich erhöht, auch den Einzelnen mit der Gattung um so inniger zusammenknüpft. Im Verhältniß zur Entwicklung seiner Persönlichkeit steigt der Werth des Menschen für sich Selbst, und im Verhältniß auch sein Werth für Andere. Eine höhere Lebensfülle schwellt sein eigenes Dasein, und wo in den Einheiten mehr Leben ist, pulsirt es auch kräftiger in der Masse, woraus sich diese zusammensetzt. Soweit es des Zwangs bedarf, um die stärkeren Vorbilder der menschlichen Natur von Uebergriffen in die Rechte Anderer abzuhalten, läßt er sich zwar nicht entbehren; dafür bietet sich aber von jedem Gesichtspunkte der menschlichen Vervollkommnung eine hinreichende Entschädigung. Die Mittel der Ausbildung, die dem Einzelnen entgehn, sofern man ihn verhindert, seine Neigungen zum Nachtheil Anderer zu befriedigen, erlangt er großentheils auf Kosten ihrer Ausbildung. Und sogar für sein eignes Selbst findet er eine volle Entschädigung in der höheren Entwicklung, die seine Natur, sofern seine selbstsüchtigen Triebe gezügelt werden, nach ihrer gesellschaftlichen Seite zu erreichen vermag. Um Anderer Willen an strenge Regeln der Gerechtigkeit gebunden zu sein, entwickelt alle Gefühle und Fähigkeiten, die das Wohl der Andern zum Gegenstand haben. Dagegen in Anliegen, die der Anderen Wohl nicht berühren, nur weil es ihnen mißfällt, beschränkt zu werden, führt zu nichts Werthvollem, außer etwa zu jener Charakterfestigkeit, die an dem Widerstand gegen diese Beschränkung erstarkt. Gibt man dieser dagegen nach, so erlahmen und erliegen alle Springfedern der Natur. Soll die Natur eines Jeden irgend leisten, was sie zu leisten vermag, so muß unumgänglich verschiedenen Personen auch eine verschiedene Lebensführung gestattet sein. Ganz im Verhältniß, als dafür ein freierer Spielraum in einem Zeitalter gegeben war, ist auch dieß Zeitalter rühmlicher auf die Nachwelt gekommen. Selbst die

Gewaltherrschaft erscheint nicht mit ihren schlimmsten Wirkungen, solange sich die Persönlichkeit noch darunter zu regen vermag; und was die Persönlichkeit niederdrückt, ist Gewaltherrschaft, wie man sie sonst nennen mag, und ob man sie mit dem Willen Gottes oder mit dem Machtspruch der Menschen beschönigt.

Sofern mir Persönlichkeit und Entwicklungsstreben für gleichbedeutend gelten, und sofern ich behaupte, daß nur die Pflege der Persönlichkeit vollkommen entwickelte menschliche Wesen hervorbringt, oder hervorzubringen vermag, könnte ich meine Beweisführung hierbei beruhen lassen: denn was läßt sich mehr oder Besseres über irgend einen gesellschaftlichen Zustand sagen, als daß er das menschliche Wesen selbst dem Ziele seiner Vervollkommnung näher bringt? Oder was läßt sich Schlimmeres von irgend einer Behinderung des Guten sagen, als daß sie diesem Erfolg entgegenwirkt? Unzweifelhaft reichen jedoch diese Erwägungen nicht aus, da zu überzeugen, wo man der Ueberzeugung am Meisten bedarf; wir müssen auch nachzuweisen vermögen, daß die entwickelteren menschlichen Wesen den unentwickelten einigen Nutzen bringen — daß, wer die Freiheit für Sich Selbst nicht wünscht und sie verschmähen würde, für das Zugeständniß ihres freien Gebrauchs in anderer und greifbarer Weise seine Belohnung empfängt.

Zunächst dann gebe ich dieser Klasse zu erwägen, daß sie möglicherweise von ihren freien Mitmenschen Etwas lernen könnten. Niemand wird läugnen, daß die Eigenthümlichkeit in menschlichen Angelegenheiten ihren Werth hat. Man bedarf ihrer immer, nicht nur um neue Wahrheiten zu entdecken und um darauf hinzuweisen, daß, was ehedem Wahrheit war, nunmehr veraltet ist, sondern auch um zu neuen Verfahrungsweisen den Weg zu zeigen, und zu einer aufgeklärteren Handlungsweise, einem besseren Geschmack, einer vernünftigeren Beurtheilung das Beispiel zu geben. Wer dieß bestreiten wollte, müßte der Ansicht sein, daß die Welt in allen ihrem Thun und Treiben bereits auf dem Gipfel der

Vollkommenheit stände. Richtig ist zwar, daß, nicht Allen zur Erzeigung dieser Wohlthaten die gleiche Befähigung innewohnt: im Vergleich mit der gesammten Menschheit, sind es stets nur Wenige, deren Versuche, sofern man ihnen allgemein nacheifert, eine Vervollkommnung der bestehenden Gewohnheiten in Aussicht stellen. Allein diese Wenigen sind das Salz der Erde; ohne sie würde das menschliche Leben zu einem faulen Sumpf. Ihnen dankt man nicht nur die Einführung zweckmäßiger Neuerungen; auch die Erhaltung der bereits bestehenden ist ihr Werk. Würde die menschliche Vernunft, wenn nichts Neues mehr auszuführen wäre, darum entbehrlicher werden? Würde es dann ausreichen, das Hergebrachte auszuführen, ohne Bewußtsein warum es so geschieht, wie dieß im Gegensatz zu menschlichen Wesen die Thiere zu thun pflegen? Auch in den besten Ueberzeugungen und Gewöhnungen lebt ein nur zu starkes Streben in das Mechanische zu entarten, und wäre nicht eine Reihenfolge von Personen, deren immer wieder auftauchende Eigenthümlichkeit die Gründe der Ueberzeugungen und Gewöhnungen vor der Erstarrung im Herkömmlichen behütet, so würde unser unlebendiges Wesen auch nicht der geringsten Erschütterung durch irgend etwas Lebendiges widerstehen, und jede Bürgschaft fehlen, daß die Gesittung nicht wie in dem byzantinischen Reiche der Verwesung verfiele. Die ungewöhnlich begabten Menschen bilden zwar allerdings, und werden auch wohl immer nur eine kleine Minderheit bilden; um ihrer jedoch habhaft zu werden, gilt es den Boden zu pflegen, worin sie wachsen. Frei athmen kann die ungewöhnliche Begabung nur in der Luft der Freiheit. Geniale Menschen haben, ex vi termini, eine stärker ausgeprägte Persönlichkeit, sind daher weniger fähig, sich ohne nachtheilige Beengung in irgend eins der geringen Anzahl von Vorbildern zu fügen, die die Gesellschaft bereit hält, um ihren Mitgliedern die Mühe einer eignen Charakterbildung zu sparen. Wenn sie sich aus Zaghaftigkeit in eine dieser Formen zwängen

laſſen, und ſo der ganze Theil ihres Selbſt, der ſich unter dem
Druck nicht entfalten kann, unentfaltet bleibt, ſo wird die Geſell=
ſchaft wegen ihrer höheren Begabung nicht viel beſſer daran ſein.
Sind ſie von kräftigerem Charakter und zerbrechen ihre Feſſeln,
ſo werden ſie allerdings zur Zielſcheibe einer Geſellſchaft, die ſie
nicht auf das Maß ihrer Mittelmäßigkeit herabzudrücken vermochte
und dafür nun mit feierlichem Kopfſchütteln als „unbändig" „unſtät"
und wie man ſich ſonſt ausdrückt, kennzeichnet: wie wenn man ſich
über den Niagara beklagen wollte, daß er nicht wie ein hollän=
diſcher Kanal gemächlich zwiſchen ſeinen Ufern ſchleicht.

Wenn ich ſo nachdrücklich auf der Bedeutung des Genies
und der Nothwendigkeit ſeiner freieſten Entfaltung auf dem Gebiet
des denkenden wie des handelnden Lebens beſtehe, bin ich mir
wohl bewußt, daß meine Behauptung grundſätzlich von Niemand be=
ſtritten werden wird, aber auch nicht minder bewußt, daß ſich in
Wirklichkeit faſt Niemand darum kümmert. Allgemein hält man
das Genie für eine ſchöne Sache, wenn es den Menſchen zu einem
hinreißenden Gedichte oder Gemälde befähigt. Dagegen läßt es
in ſeinem wahren Sinn, der Eigenthümlichkeit im Denken und
Handeln, zwar Jedermann als eine recht bewundernswerthe Sache
gelten, denkt aber dabei doch im Herzen, daß, was ihn ſelbſt
betrifft, er ganz gut auch ohne Genie fertig werde. Leider iſt dieſe
Anſchauungsweiſe zu natürlich, um darüber zu ſtaunen. Eigen=
thümlichkeit iſt das Einzige, was nicht eigenthümliche Naturen
nicht zu begreifen vermögen. Sie können nicht einſehen, was für
ſie dabei herauskommen ſollte, und wie ſollten ſie auch? Ver=
möchten ſie einzuſehen, was ſie dabei gewinnen würden, ſo wäre
es keine Eigenthümlichkeit mehr. Der erſte Dienſt, den ihnen
die Eigenthümlichkeit zu leiſten hat, iſt, ihnen die Augen zu öffnen;
was, wenn es erſt vollſtändig gelungen wäre, auch ihnen eine
Ausſicht auf Eigenthümlichkeit eröffnete. Mittlerweile mögen ſie
jedoch bedenken, daß nie irgend etwas gethan wurde, was nicht

Einer zuerst that, und daß alle bestehenden guten Dinge Früchte der Eigenthümlichkeit sind, und bescheiden genug sein, um zu glauben, daß dieser noch immer etwas zu thun bleibt, und daß sie der Eigenthümlichkeit um so mehr bedürfen, je weniger sie sich ihres Mangels bewußt sind.

Betrachtet man die heutige Welt mit nüchternen Augen, so mag der wirklichen oder eingebildeten geistigen Ueberlegenheit in Worten oder selbst in Thaten auch noch so viel Ehre gezollt werden: allgemein strebt doch Alles dahin, der Mittelmäßigkeit zur Herrschaft über die Menschheit zu verhelfen." In der alten Geschichte, im Mittelalter, und in geringerem Grade, während des langen Uebergangs von der Feudalität zur neueren Zeit, war die Persönlichkeit noch eine Macht durch sich selbst, und wenn sie sich auf eine hohe Begabung oder gesellschaftliche Stellung stützen konnte, eine bedeutende Macht. Gegenwärtig verlieren sich die Einzelnen in der Menge. Im Staatsleben klingt es wie ein Gemeinplatz, daß die öffentliche Meinung die Welt regiert. Die einzige Gewalt, die hier noch den Namen verdient, ist die der Massen und der Regierungen, so lange sie sich zum Werkzeuge der Bestrebungen und Neigungen der Massen machen. Von den sittlichen und gesellschaftlichen Beziehungen des Privatlebens gilt dieß aber nicht weniger wie vom öffentlichen Leben. Es sind nicht überall dieselben Gesellschaftsschichten, deren Meinungen unter dem Namen der öffentlichen Meinung geh'n. In Amerika ist es die ganze weiße Bevölkerung; in England insbesondere die Mittelklassen. Immer aber ist es eine Masse, das heißt, eine Gesammt=Mittelmäßigkeit. Und was noch eine bedeutungsvollere Neuerung ist, die Masse schöpft ihre Meinungen gegenwärtig nicht durch Würdeträger der Kirche oder des Staats, aus Führern oder Schriften, die über das Gewöhnliche hervorragen. Für ihre Denk=arbeit sorgen Männer von so ziemlich demselben Schlage, die unter dem Antrieb des Augenblicks durch die Zeitungen zu ihnen reden, oder in ihrem Namen auftreten. Ich beklage mich nicht über diesen Zustand der Dinge. Ich behaupte nicht, daß irgend etwas Besseres, als allgemeine Regel, mit dem gegenwärtigen niedrigen Stand der geistigen Entwicklung verträglich ist. Allein das hindert nicht, daß die Herrschaft der Mittelmäßigkeit eine mittelmäßige Herrschaft ist. Nie hat sich eine Herrschaft durch eine Demokratie oder zahlreiche Aristokratie, sei es in ihren politischen Handlungen, oder in den Meinungen, Eigenschaften und der geistigen Stimmung, die dadurch genährt wird, über die Mittelmäßigkeit erhoben, und in der That zu erheben vermocht, wenn sich nicht die herrschenden Vielen (wie es in ihren besten Zeiten stets der Fall war) durch den Rath und Einfluß des Einen oder der Wenigen höher Begabten und Unterrichteten leiten ließen. Die Anregung zu allen klugen oder edlen Dingen geht aus und muß von Einzelnen ausgehen; in der Regel zuerst von einem bestimmten Einzelnen. Für den Mittelschlag der Menschen bleibt die Ehre und der Ruhm, daß sie dieser Anregung zu folgen vermögen, daß sich für alle klugen und edlen Dinge in ihrem Innern ein Widerhall findet, und daß sie mit offnen Augen zu folgen vermögen. Ich lege keine Lanze ein, für die Art von „Heldenverehrung," die der ungewöhnlich begabten Stärke Beifall klatscht, wenn sie die Herrschaft der Welt an sich reißt, und diese zwingt, ihrem Gebote auch gegen den eignen Willen zu gehorsamen. Auch der Held darf nicht mehr verlangen, als der Freiheit eine Gasse zu brechen. Die Macht, Andere zur Nachfolge zu zwingen, ist nicht nur unverträglich mit der Freiheit und Entwicklung aller Uebrigen, auch der Starke selbst wird dadurch verdorben. Indessen scheint doch, sofern die Meinung der bloßen Mittelmäßigkeit überall die Herrschaft inne hat oder erlangt, daß eine immer entschiedener ausgebildete Eigenthümlichkeit der Männer, die auf der Höhe des Gedankens stehen, für das rechte Gleichgewicht und die Berichtigung dieses Strebens unentbehrlich sei. Gerade in unserer heutigen Lebensverfassung sollten Ausnahms=Persönlichkeiten, statt sich dadurch abschrecken zu lassen, eine Ermuthigung finden, um sich von der Menge durch ihre Handlungsweise zu unterscheiden. In früheren Zeiten gewährte ein solches Auftreten nur dann einen Vortheil, wenn man nicht allein anders, sondern auch besser zu handeln verstand. In unserem Zeitalter ist schon das Beispiel der Nicht=Uebereinstimmung, die bloße Weigerung, das Knie vor dem Herkommen zu beugen, an sich eine verdienstliche Leistung. Gerade, weil die Gewaltherrschaft der Meinung so gewachsen ist, daß das Außergewöhnliche zum Vorwurf wird, ist es erwünscht, daß, um diese Gewaltherrschaft zu brechen, dieß Außergewöhnliche häufiger werde. Wann und wo Charakterstärke im Ueberfluß vorhanden war, war auch das Außergewöhnliche stets im Ueberfluß, und das Maß des Außergewöhnlichen stand in jeder Gesellschaft gewöhnlich im Verhältniß zu dem Maße von Begabung, Strebsamkeit und sittlichem Muth, das diese in sich trug. Daß es gegenwärtig so Wenige wagen, außergewöhnlich zu sein, bezeichnet die Hauptgefahr dieses Zeitalters.

Ich sagte, es sei wesentlich, daß man für ungewöhnliche Leistungen einen möglichst weiten Spielraum gestatte, damit sie, sofern sie es verdienen, mit der Zeit Sitte werden. Allein die Unabhängigkeit im Handeln und das Sichhinwegsetzen über das Herkommen verdienen nicht nur darum Ermuthigung, weil sie eine Aussicht auf bessere Arten zu handeln und der allgemeinen Annahme würdigere Gewohnheiten eröffnen; noch sind es allein Personen von entschiedner geistiger Ueberlegenheit, die auf eine Lebensführung, wie sie ihnen selber ansteht, einen Anspruch haben. Es ist überhaupt kein Grund, warum alle menschliche Wesen nach einer und derselben oder nach wenigen Schablonen geformt sein sollten. Wenn Jemand ein leidliches Maß von gesundem Menschenverstand und Erfahrung besitzt, so ist seine eigene Art, sich im Leben einzurichten, die beste, nicht weil sie an sich die beste, sondern weil es seine eigene Art ist. Menschliche Wesen sind nicht wie eine Heerde Schaafe, und selbst Schaafe sind sich nicht ununterscheidbar ähnlich. Man kann nicht zu einem passenden Rock oder Paar Stiefel kommen, wenn man sie nicht entweder nach seinem Maße verfertigen läßt, oder aus einer ganzen Ladenausstellung auszuwählen vermag; ist es leichter Einen mit einem passenden Leben als mit einem passenden Rock zu versehen, oder gleichen sich menschliche Wesen in ihrer ganzen Körper- und Geistesgestalt mehr untereinander, als in der Form ihrer Füße? Wenn die Menschen auch nur in ihrem Geschmack verschieden wären, so reichte das schon hin, um sie nicht sämmtlich nach Einem Muster zu formen. Allein verschiedene Menschen verlangen auch für ihre geistige Entwicklung verschiedene Bedingungen, und können, so wenig wie verschieden geartete Pflanzen in demselben physikalischen, in demselben moralischen Luftkreis und Himmelsstrich gedeihen. Dieselben Dinge, worin der Eine für die Ausbildung seiner besseren Natur eine Unterstützung findet, bilden für den Andern ein Hinderniß. Dieselbe Lebensweise ist für den Einen eine gesunde Anregung, die alle seine Arbeits- und Genußfähigkeiten in der rechten Spannung hält, und dagegen für einen Anderen eine unerträgliche Bürde, die sein ganzes inneres Leben beengt oder erdrückt. So verschieden sind menschliche Wesen untereinander: in den Quellen ihres Ergötzens, ihrer Empfänglichkeit für den Schmerz und in der Empfindung für verschiedenartige physische und moralische Bedingungen, daß sie in Ermanglung einer entsprechenden Verschiedenheit der Lebensweise, weder den ihnen gebührenden Antheil an Glück erlangen, noch in geistiger, sittlicher und künstlerischer Beziehung ihr von der Natur bestimmtes volles Wachsthum erreichen. Warum sollte sich also die Duldsamkeit, soweit es von der öffentlichen Meinung abhängt, nur auf den Geschmack und die Lebensarten ausdehnen, die sich durch die Menge ihrer Anhänger Anerkennung erzwingen? Nirgends (mit Ausnahme einiger klösterlicher Anstalten) ist Verschiedenheit des Geschmacks durchaus verpönt; es findet keinen Tadel, ob nun Jemand sein Vergnügen, oder aber kein Vergnügen am Rudern, oder Rauchen, oder der Musik, oder athletischen Uebungen, oder Schach, oder Karten, oder der Wissenschaft findet: offenbar, weil beide Parteien, sowohl die sich an einem dieser Dinge vergnügen, als die sich nicht daran vergnügen, zu zahlreich sind, um sich erdrücken zu lassen. Allein der Mann, und noch mehr das Weib, die unter der Anklage steht," etwas zu thun, „was Niemand thut," oder nicht zu thun, was Jedermann thut, setzt sich damit ganz ebenso wegwerfenden Bemerkungen aus, als ob er oder sie irgend ein schweres sittliches Vergehen begangen hätte. Man muß in Besitz eines Titels oder sonst eines Zeichens von Rang oder der Gönnerschaft von Leuten von Rang sein, um sich, ohne Gefahr dadurch in der allgemeinen Achtung zu sinken, dem Luxus, seinen eigenen Neigungen zu folgen, nur einigermaßen hingeben zu dürfen. Ich wiederhole, um sich ihm nur einigermaßen hinzugeben: denn wer darin irgend weit geht, läuft eine schlimmere Gefahr als die bloß mißgünstiger Redensarten — die Gefahr einer Einsperrung de lunatico und der Einziehung seines Vermögens zum Vortheil seiner Verwandten.*)

---

*) Es liegt etwas zugleich Verächtliches und Entsetzliches in der Art von Beweisschaft, die neuerdings für zureichend gilt, um Jemand von Gerichtswegen die Verwaltung seines Vermögens zu entziehen, und die Verfügung darüber für den Todesfall für nichtig zu erklären — wenn dasselbe zureicht, die Prozeßkosten zu berichtigen. Die geringsten Einzelnheiten des Privatlebens werden in einem solchen Falle ausgespäht, und was an dem Befund, wie sich dieser durch das Medium des Wahrnehmungs= und Darstellungsvermögens der Niedrigsten unter den Niedrigen ausnimmt, irgend wie nach einer Abweichung von dem gemeinsten Herkommen schmeckt, kommt als ein Beweis der Geistesstörung vor die Geschwornen. Und nicht selten mit Erfolg; denn die Geschwornen sind kaum weniger niedrig und unwissend als die Zeugen, während die Richter, mit jener wunderbaren

Für die Unduldsamkeit der heutigen öffentlichen Meinung gegen jede eigenthümliche Lebensäußerung der Persönlichkeit ist besonders ein Zug ihres Wesens verantwortlich. Der Mittelschlag der Menschen besitzt nicht nur einen mäßigen Verstand, sondern auch mäßige Neigungen; sein Geschmack und seine Wünsche sind nicht stark genug, um ihn zu etwas Ungewöhnlichem zu treiben, folgeweise kann er auch die hiervon abweichenden Naturen nicht begreifen und bringt sie unter Einen Hut mit der Unbändigkeit und Maßlosigkeit, auf die er herabzusehen gewohnt ist. Nun brauchen wir in Verbindung mit dieser Thatsache, die ganz allgemein gilt, nur anzunehmen, daß sich der Gemüther eine starke Bewegung zur Verbesserung der Sitten bemächtigt, so liegt auf der Hand, was dann zu erwarten ist. In unseren Tagen ist eine solche Bewegung eingetreten; es ist thatsächlich viel geschehen, um das Betragen zu sittigen und von Ausschweifungen abzuhalten; ein Geist der Menschenliebe ist erwacht, für den sich gar kein

---

Unkenntniß der menschlichen Natur und des menschlichen Lebens, die uns an englischen Rechtskundigen fortwährend in Erstaunen setzt, oft noch dazu beitragen, sie zu mißleiten. Diese Gerichtsfälle sprechen Bände über den Zustand des Fühlens und Meinens der Menge in Beziehung auf die menschliche Freiheit. Weit entfernt auf die Selbstständigkeit der Persönlichkeit irgend einen Werth zu legen — weit entfernt das Recht der Persönlichkeit in bedeutungslosen Dingen, nach eigenem Gutdünken und eigener Neigung zu handeln, anzuerkennen, können Richter und Geschworene nicht einmal begreifen, daß Jemand, im vollen Besitz seiner Geistesfähigkeiten, eine solche Freiheit nur wünschen kann. Wenn man in früheren Zeiten einen Gottesleugner zu verbrennen beabsichtigte, so pflegten mildgesinnte Leute statt dessen die Einsperrung in ein Narrenhaus vorzuschlagen; heutzutage wäre es gar nicht wunderbar, wenn man dieses Verfahren wirklich einschlüge und die Anstifter sich noch rühmten, daß sie die Unglücklichen, statt sie um ihrer Religion willen zu verfolgen, so menschlich und christlich behandelten — nicht ohne die geheime Befriedigung, daß diesen damit nur ihr verdientes Recht widerfahre.

7

günstigeres Feld denken läßt, als die Vervollkommnung der Sitten und der Lebensklugheit unserer Mitmenschen. Mit dieser Richtung der Zeit hängt es daher zusammen, wenn das Publikum mehr fast als in irgend einer früheren Zeit dazu neigt, allgemeine Verhaltungsregeln vorzuschreiben, und auf die allgemeine Nachachtung des einmal angenommenen Maßstabes hinzuwirken. Und dieser Maßstab, ob man sich nun darüber ausspricht oder im Stillen verständigt, ist die Unterdrückung jeder starken Neigung. Als Ideal des Charakters gilt der Mangel jedes ausgeprägten Charakters: eine Verstümmlung, gleich der der Füße einer chinesischen Dame, wodurch man jeden hervorragenden Theil der menschlichen Natur zurückdrängt und Alles, wodurch sich Jemand vor der Alltags-Menschheit auszeichnen würde, unterdrückt.

Wie es jedoch gewöhnlich mit Idealen geht, die das Erstrebenswerthe zur Hälfte ausschließen, so läßt der gegenwärtige Maßstab der öffentlichen Billigung auch die Nachahmung der anderen Hälfte nur zur Hälfte gelingen. Statt starker Willenskräfte, durch eine kräftige Vernunft geleitet, und starker Gefühle, durch einen gewissenhaften Willen kräftig im Zügel gehalten, kommen nur schwächliche Gefühle und schwächliche Willenskräfte zum Vorschein, deren äußerliche Uebereinstimmung mit der Vorschrift sich dann allerdings ohne irgend welche Stärke des Willens oder der Vernunft aufrecht erhalten läßt. Schon werden willenskräftige Charaktere der höheren Art mehr und mehr zu einer Ueberlieferung. Kaum findet sich in diesem Lande für Willenskraft noch ein anderer Spielraum als im Geschäftsleben. Hier ist immer noch ein beträchtlicher Betrag von Willenskraft in Wirksamkeit. Was die Geschäfte davon übrig lassen, wird an irgend ein Steckenpferd verschwendet; möglicherweise an ein nützliches, ja selbst ein menschenfreundliches Steckenpferd, aber stets an irgend ein bestimmtes Ding und gewöhnlich auf eine Kleinigkeit. Die Größe Englands ruht gegenwärtig nur in unserem Gesammtdasein: klein als Persönlichkeiten, zeigen wir uns großen Dingen nur gewachsen durch unsere Gewohnheit des Zusammenwirkens; und unsere sittlichen und religiösen Menschenfreunde verlangen es auch gar nicht besser. Es war jedoch ein anderer Schlag von Männern, die England zu dem machten, was es gewesen ist; und ein anderer Schlag von Männern muß erstehen, um seinen Verfall zu verhindern.

Die schrankenlose Herrschaft des Herkommens steht dem menschlichen Fortschritt überall entgegen, denn sie liegt überall im Widerspruch mit jener Neigung etwas Besseres als das Herkömmliche zu erstreben, die man, je nach den Umständen den Geist der Freiheit, oder den Geist des Fortschritts oder der Verbesserung nennt. Nicht immer ist der Geist der Verbesserung auch ein Geist der Freiheit: er kann darauf ausgehen, einem Volke wider seinen Willen Verbesserungen aufzudrängen; und der Geist der Freiheit, sofern er solchen Versuchen entgegen ist, kann sich dann örtlich und zeitweilig mit den Gegnern der Verbesserung verbinden; aber die einzige unfehlbare und unversiegbare Quelle der Verbesserung bleibt die Freiheit, da sie ebensoviel unabhängige Mittelpunkte der Verbesserung bedingt, als Persönlichkeiten vorhanden sind. Doch ist der Grundsatz des Fortschritts in jeder Gestalt, ob aus Liebe zur Freiheit oder zur Verbesserung, der Herrschaft des Herkommens entgegen; er begreift jedenfalls die Befreiung von diesem Joche; und der Kampf zwischen beiden entscheidet über die ganze Entwicklung des Menschengeschlechts. Der größere Theil der Welt hat genau genommen gar keine Geschichte, weil darin das Herkommen eine unumschränkte Herrschaft behauptet. Dieß ist der Fall mit der ganzen östlichen Erdhälfte. Das Herkommen ist dort in allen Dingen die letzte Instanz; Gerechtigkeit und Recht heißt Uebereinstimmung mit dem Herkommen; kaum daß der von seiner Gewalt berauschte Gewaltherrscher der Berufung auf das Herkommen zu widerstehen versucht. Und wir sehen den Erfolg. Sicher hatten auch diese Nationen einst ein reiches ursprüngliches

Leben; sie sind nicht mit einem Male bevölkert, gelehrt und in vielen Künsten des Lebens erfahren, aus dem Boden gewachsen; all dieß war ihr eigenes Werk, zur Zeit wo sie alle Nationen der Erde an Größe und Macht überragten. Was sind sie jetzt? Die Unterthanen oder Schleppträger von Stämmen, deren Vorväter noch in den Wäldern schweiften, als die ihrigen schon kostbare Paläste und prachtvolle Tempel besaßen, die jedoch neben dem Herkommen die Freiheit und den Fortschritt zur Herrschaft beriefen. Jedes Volk, kann augenscheinlich während einer gewissen Zeit voranschreiten, und dann stille stehen. Wann steht es stille? Wenn das persönliche Leben in ihm ausstirbt. Sollte über die Nationen Europas eine ähnliche Veränderung kommen, so wird diese zwar nicht genau in derselben Gestalt erscheinen: die Alleinherrschaft des Herkommens, die diesen Nationen droht, ist kein eigentlicher Stillstand. Sie verpönt jede Eigenthümlichkeit, gestattet aber doch Veränderung — wenn sich nur Alle zugleich ändern. Die steife Tracht unserer Voreltern haben wir abgeworfen; noch muß sich zwar der Eine wie alle Andern kleiden — aber die Mode darf doch ein oder zweimal im Jahre wechseln. So sorgen wir dafür, daß wenn eine Veränderung stattfindet, sie nur um der Veränderung willen und nicht wegen irgend einer Vorstellung des Schönen oder Bequemen stattfindet: dieselbe Vorstellung des Schönen oder Bequemen würde ja nicht aller Welt in demselben Augenblick kommen, und in einem anderen Augenblick gleichzeitig von aller Welt wieder aufgegeben werden. Darum sind wir aber nicht minder dem Fortschritt ergeben; wir machen fortwährend neue mechanische Erfindungen und halten daran fest, bis sie durch vollkommnere verdrängt werden; wir streben eifrig nach Verbesserungen im Staate, in der Erziehung, selbst in der Sittlichkeit, obgleich unser Begriff von sittlicher Verbesserung wesentlich in der Ueberredung oder Nöthigung Anderer besteht, so vollkommen zu werden, wie wir selber sind. Es ist nicht der Fortschritt, den wir verwerfen; im Gegentheil, wir schmeicheln uns, daß wir unter allen Völkern des Erdballs am rührigsten fortschreiten. Der Fortschritt der Persönlichkeit ist es, wogegen wir Krieg führen; wir würden uns mit der Heldenthat brüsten, wenn wir erst Alle gleich gemacht hätten: ohne zu überlegen, daß in der Regel gerade die Unähnlichkeit der Menschen ihre Aufmerksamkeit auf die Unvollkommenheit des eignen oder die Ueberlegenheit fremden Wesens zieht, oder daß es möglich ist, durch Verschmelzung der gegenseitigen Vorzüge eine noch höhere Vervollkommnung zu erzielen. Wohin das führt, zeigen uns die Chinesen. Eine Nation von großer Begabung und in mancher Beziehung sogar Weisheit, sofern ihr schon auf sehr früher Entwicklungsstufe das seltene Glück eines ungewöhnlich brauchbaren Sittengesetzes wurde — mit das Werk von Männern, denen selbst die aufgeklärtesten Europäer, unter gewissem Vorbehalte, den Namen von Weisen und Philosophen zugestehen müssen — sind die Chinesen insbesondere ausgezeichnet durch die vortrefflichen Einrichtungen, wodurch sie, soweit möglich, ihr bestes Wissen jedem Mitgliede ihrer Gemeinschaft einzupflanzen, und denen, die sich am meisten davon aneignen, die Ehren- und Machtstellen zu sichern wissen.

Ein Volk, dem dieß gelang, hat sicher das Geheimniß des menschlichen Fortschritts entdeckt, und sich unverrückt an der Spitze der gesellschaftlichen Bewegung behauptet? — Im Gegentheil, es ist dem Stillstand verfallen — schon seit Tausenden von Jahren; und was ihm noch an Verbesserung in Aussicht steht, wird es den Fremden verdanken. Den Chinesen ist über alle Erwartung gelungen, was sich englische Menschenverbesserer so eifrig angelegen sein lassen: ihr Volk alle untereinander gleich zu machen, die Gedanken und Handlungsweise Aller unter dieselben Grundsätze und Vorschriften zu beugen; und wir sehen die Folgen. Das heutige régime der öffentlichen Meinung erstrebt nur in einer loseren Form, was die Erziehungs- und Staatsordnung der Chinesen planmäßig fertig bringt; und wenn nicht die Persönlichkeit ihr Wesen gegen dieß Joch erfolgreich geltend zu machen weiß, so gelangt Europa, trotz seiner hohen Errungenschaften und seines christlichen Bekenntnisses, auf den Weg ein zweites China zu werden.

Woran liegt es, daß Europa bisher vor diesem Loose bewahrt blieb? Was ist der Grund, daß die europäische Völkerfamilie unter die fortschreitenden und nicht die stillstehenden Völker gehört? Nicht irgend ein überlegener Vorzug ihres Wesens, der, sofern er besteht, nur als die Wirkung und nicht als die Ursache besteht: sondern ihre ungewöhnliche Verschiedenheit in Charakter und Gesittung. Die Einzelnen, die Klassen, die Nationen, waren sich außerordentlich unähnlich; sie haben sich in den verschiedensten Richtungen, deren jede zu etwas Werthvollem leitet, Bahn gebrochen; und obgleich dabei keine die anderen je ertragen mochte, und eine jede alle andern gar zu gern in ihre eigene Bahn gezwungen hätte, so hatten doch ihre Versuche, sich gegenseitig ihre Entwicklung zu erschweren, selten einen bleibenden Erfolg, und kam für jede eine Zeit, wo sie sich das von den andern dargebotene Gute gefallen ließ. Dieser Verschiedenheit seiner Bahnen verdankt Europa, soweit mir scheint, seine ganze fortschreitende und vielseitige Entwicklung. Schon besitzt es jedoch diesen Vorzug in zusehend geringerem Grade; es nähert sich entschieden dem Chinesischen Ideale, das alle Menschen einander gleich macht. Herr von Tocqueville bemerkt in seinem letzten bedeutenden Werke, um wie viel ähnlicher sich die Franzosen von heute, als die des vergangenen Jahrhunderts sehen; und dieselbe Bemerkung ließe sich in ungleich höherem Grade von Engländern machen. Von den beiden Bedingungen, die Wilhelm v. Humboldt in einer oben angezogenen Stelle als unentbehrlich für die menschliche Entwicklung bezeichnet, unentbehrlich, sofern sonst Alle einander gleich werden — Freiheit und Verschiedenheit der Lebenslagen: kommt diese letztere Bedingung in unserem Lande täglich mehr in Abgang. Die Umstände, wovon die verschiedenen Klassen und Einzelnen umgeben sind, wodurch ihr

Charakter seine Form erhält, werden täglich übereinstimmender. Ehedem lebte ein jeder Rang, eine jede Nachbarschaft, ein jeder Gewerbszweig oder Beruf so zu sagen in einer andern Welt: gegenwärtig leben sie alle in hohem Grade in derselben Welt. Vergleichsweise gesprochen, lesen sie nur dieselben Dinge, hören sie auf dieselben Dinge, gehen sie an dieselben Orte, richten sich ihre Hoffnungen und Befürchtungen auf dieselben Gegenstände, besitzen sie dieselben Rechte und Freiheiten und dieselben Mittel, diese geltend zu machen. Was an Verschiedenheit der Lebenslagen noch übrig blieb, bedeutet nichts im Vergleich mit dem, was bereits verloren ging. Und die Uebereinstimmung ist noch immer im Zunehmen. Alle politischen Veränderungen des Zeitalters tragen dazu bei, sofern sie alle die unteren Klassen zu erheben und die Höheren herabzudrücken streben. Jeder Fortschritt im Erziehungswesen trägt dazu bei: sofern die Erziehung die Menschen gemeinsamen Einflüssen unterwirft und sie in die Allen gemeinsame Welt von Thatsachen und Gefühlen einführt. Verbesserungen in den Verkehrsmitteln tragen dazu bei: sofern sie die Bewohner entfernter Orte in persönliche Berührung bringen, und das Zu- und Abströmen zwischen der Bevölkerung verschiedener Orte begünstigen. Das Wachsthum von Gewerbe und Handel trägt dazu bei: sofern es die Vortheile des Wohlstandes in weiteren Kreisen verbreitet und alle Ziele menschlichen Ehrgeizes, selbst die höchsten, dem Wettwerbe Aller zugänglich macht, so daß das Streben in die Höhe nicht mehr irgend einer besonderen, sondern allen Klassen eigenthümlich wird. Endlich eine noch mächtigere Kraft als alle diese, um unter den Menschen eine allgemeine Aehnlichkeit zu Wege zu bringen: der steigende Einfluß, den sich die öffentliche Meinung in diesem und jedem freien Lande immer weniger streitig machen läßt. Im Verhältniß, als die Höhen, von wo aus die Einflußreichen in der Gesellschaft der öffentlichen Meinung ungestraft Trotz bieten konnten, immer tiefer eingeebnet werden; als selbst der Gedanke, dem Willen der

Menge zu widerstehen, sobald nur die Thatsache eines solchen Willens feststeht, aus den Köpfen aller praktischen Staatskünstler immer mehr verschwindet: schwindet auch jede gesellschaftliche Stütze für die Nicht=Uebereinstimmung — jede wirksame Kraft in der Gesellschaft, die ihrer Natur nach der Herrschaft der Menge entgegen, durch die Beschützung von Meinungen und Bestrebungen, die von den herrschenden abweichen, ihren eigenen Vortheil wahrnehmen würde.

Das Zusammenwirken aller dieser Ursachen ruft eine so große Menge von Einflüssen ins Feld, die der Geltung der Persönlichkeit feind sind, daß man kaum absieht, wie sich diese dagegen behaupten wird. Es wird ihr um so schwieriger gelingen, wenn nicht der gebildetere Theil der Gesellschaft zum Bewußtsein ihres Werthes und zu der Einsicht gelangt, daß Verschiedenheiten ihr Gutes haben, wären es auch selbst keine Verbesserungen, ja mitunter sogar, soweit es ihnen scheinen könnte, Verschlimmerungen. Sollen die Ansprüche der Persönlichkeit je geltend gemacht werden, so ist jetzt der rechte Zeitpunkt, wo immer noch viel fehlt, um die aufgedrungene Gleichförmigkeit vollständig zu machen. Nur in diesem Anfangsstadium läßt sich ihrem weiteren Umsichgreifen mit Erfolg Widerstand leisten. Das Verlangen, daß alle Anderen uns selber gleichen sollen, wächst mit seiner Sättigung. Wenn sich der Widerstand verzögert, bis das Leben erst nahezu auf eine einförmige Grundgestalt zurückgeführt ist, so werden dann alle Abweichungen von dieser Grundgestalt, für gottlos, unsittlich und selbst für ungeheuerlich und naturwidrig gelten. Die Menschen verlieren rasch die Fähigkeit, die Verschiedenheit zu begreifen, wenn ihnen ihre Anschauung für längere Zeit entzogen bleibt.

4. Kapitel.

Ueber die Gränzen des Machtgebots der Gesellschaft über den Einzelnen.

Wo also findet die Herrschaft des Einzelnen über sich selbst ihre rechte Grenze? Wo beginnen die Machtansprüche der Gesellschaft? Inwieweit sollte das menschliche Leben der Persönlichkeit und inwieweit der Gesellschaft unterthan sein?

Beiden Theilen wird ihr billiger Antheil zufallen, wenn ein jeder erhält, was ihn insbesondere angeht. Der Persönlichkeit sollte der Theil des Lebens zufallen, der vorzugsweise den Einzelnen angeht, der Gesellschaft der Theil, der die Gesellschaft hauptsächlich angeht.

Obgleich die Gesellschaft nicht auf einen Vertrag gegründet ist, und obgleich nichts dabei herauskommt, wenn man einen Vertrag erfindet, um die gesellschaftlichen Verpflichtungen daraus abzuleiten, so schuldet doch ein Jeder der Gesellschaft, dafür, daß sie ihm ihren Schutz gewährt, eine Vergeltung, und wird es schon durch die Thatsache, daß man in Gesellschaft lebt, unumgänglich, daß sich ein Jeder in seinem Verfahren gegen alle Uebrigen gewissen

Regeln unterwerfe. Diese Regeln bestehen, erstens darin, daß man sich gegenseitig in seinen Anliegen oder vielmehr in den bestimmten Anliegen nicht zu nahe trete, die, sei es durch besondere gesetzliche Vorsorge oder durch stillschweigende Uebereinkunft, als Rechte gelten sollen; und zweitens darin, daß ein Jeder — nach irgend einem billigen Maßstab der Vertheilung — seinen Antheil an den Mühen und Lasten trägt, deren es zur Vertheidigung der Gesellschaft oder ihrer Mitglieder gegen Schaden und Belästigung bedarf. Diese Bedingungen mag die Gesellschaft mit Fug und Recht auf alle Gefahr hin einem Jeden, der sich ihrer Erfüllung zu entziehen versucht, aufzwingen. Und die Befugnisse der Gesellschaft sind damit noch nicht zu Ende. Es kann Einer durch seine Handlungsweise Andere gefährden, oder jede billige Rücksicht auf ihr Wohl außer Augen lassen, ohne darum so weit zu gehen, daß er irgend eines ihrer verfassungsmäßigen Rechte verletze. Ein solches Vergehen unterliegt füglich der Bestrafung, wenn auch nicht durch das Gesetz, so doch durch die öffentliche Meinung. Sowie Jemand durch seine Handlungsweise die Anliegen Anderer benachtheiligt, verfällt er auch der Gerichtsbarkeit der Gesellschaft, und wirft sich die Frage auf, ob durch ihre Dazwischenkunft das allgemeine Wohl gefördert oder nicht gefördert werden wird. Keinerlei Veranlassung zu einer solchen Frage bietet sich dagegen, wenn Jemands Handlungsweise keines Anderen Anliegen außer seinen eigenen, oder der Anderen Anliegen nur mit ihrer Zustimmung berührt (unter der Voraussetzung der nöthigen Alters- und durchschnittlichen Verstandesreife aller Betheiligten). In allen diesen Fällen sollten der Freiheit, die Handlung zu begehen und ihre Folgen auf sich zu nehmen, keinerlei gesetzliche oder gesellschaftliche Beschränkungen im Wege stehen.

Man würde diese Lehre gröblich mißverstehen, wenn man sie mit jener selbstsüchtigen Gleichgültigkeit verwechselt, wonach sich die Menschen überhaupt nicht um einander zu kümmern haben, und das

Wohlergehen oder Wohlthuen der Einen für den Anderen nur insoweit in Betracht kommt, als seine eignen Anliegen dabei betheiligt sind. Was uns Noth thut, ist nicht eine Abschwächung, im Gegentheil eine wesentliche Verstärkung der uneigennützigen Anstrengungen für die Wohlfahrt Anderer. Aber für das uneigennützige Wohlwollen gibt es andere Werkzeuge, um Andere zum Guten zu überreden, als Schläge und Geißelhiebe: sei es von der handgreiflichen oder der bildlichen Art. Ich bin der Letzte, der die Pflichten gegen sich selbst unterschätzte; sie kommen an Bedeutung unmittelbar nach den gesellschaftlichen Pflichten, wenn sie diesen überhaupt nachstehen. Beide gleichmäßig zu pflegen, ist die Aufgabe aller Erziehung. Allein selbst die Erziehung wirkt nicht minder durch Ueberzeugung und Ueberredung, wie durch Zwang; und ist die Erziehung vollendet, so sollte nur jenen ersteren das Einprägen der Pflichten gegen sich selbst überlassen bleiben. Die Menschen schulden einander Hülfe, um das Gute von dem Bösen zu unterscheiden, und Ermuthigung, das eine zu thun und das andere zu unterlassen; sie sollten sich gegenseitig unaufhörlich anstacheln, ihre bessere Natur zu üben und zu stärken, und ihre Gefühle und Bestrebungen auf vernünftige statt auf unvernünftige, und auf erhebende statt auf erniedrigende Gegenstände und Betrachtungen zu richten. Aber weder ein Einzelner, noch irgend eine Mehrzahl ist berechtigt, einem menschlichen Wesen von reifen Jahren vorzuschreiben, daß er nicht mit seinem Leben, soweit es sein eigenes Wohl betrifft, wie ihm gutdünkt, verfahren dürfe. An seinem eigenen Wohl ist ein Jeder selbst am Meisten betheiligt; die Theilnahme, die (Fälle von inniger persönlicher Anhänglichkeit ausgenommen) jeder Andere daran nimmt, ist im Vergleich mit seiner eignen Theilnahme kaum der Rede werth; die Theilnahme der Gesellschaft an seiner Persönlichkeit (soweit seine Handlungsweise gegen Andere nicht in Frage kommt) besteht nur in Bruchtheilchen, und berührt ihn nur ganz mittelbar, während auch dem allergewöhnlichsten Mann oder Weib in Beziehung auf seine eigenen Gefühle und Lebensumstände Quellen der Einsicht zu Gebot stehen, die die irgend einem Dritten zugänglichen unermeßlich übertreffen. Die Einmischung der Gesellschaft, wodurch diese sein Urtheil und seine Absichten in Dingen hofmeistert, die nur ihn selber angehen, kann sich nur auf allgemeine Annahmen stützen, die ganz und gar irrig sein können, und auch wenn sie zutreffen, auf den einzelnen Fall von Personen, die mit den Umständen dieses Falls nur als Zuschauer und von Hörensagen vertraut sind, ganz ebensowohl verkehrt als richtig angewandt werden können. Auf diesem Gebiet der menschlichen Anliegen sollte sich daher die Persönlichkeit mit voller Freiheit ausleben dürfen. Für die Handlungsweise der Menschen gegeneinander bedarf es nothwendig der allgemeinen Regeln, damit ein Jeder weiß, was er von dem Anderen zu erwarten hat; dagegen für die Handlungsweise, die nur uns selbst angeht, sollte nur die Persönlichkeit sich selber Herr und Meister sein. Die Andern mögen unserem Urtheil und unserer Willenskraft mit ihren Erwägungen und Ermahnungen behülflich, ja selbst aufdringlich werden: das Endurtheil gebührt nur uns selber. Alle Irrthümer, die wir möglicherweise gegen ihre Rathschläge und Warnungen begehen mögen, werden durch die Nachtheile, wenn uns Andere zu dem, was sie für unser Bestes halten, zwingen, weit überwogen.

Ich meine darum nicht, daß die Gefühle, die man gegen Jemanden hegt, in keiner Weise durch sein Verhalten oder seine Fehler gegen sich selbst berührt werden sollten. Das ist weder möglich noch wünschenswerth. Wenn er in irgend einer Eigenschaft, die zu seinem eigenen Guten führt, hervorragt, so ist er insoweit ein geeigneter Gegenstand der Bewunderung. Er steht der idealen Vollkommenheit der menschlichen Natur damit um so näher. Läßt er es dagegen gröblich an diesen Eigenschaften fehlen, so wird ein der Bewunderung entgegengesetztes Gefühl die Folge sein. Es gibt einen Grad von Thorheit und einen Grad von, was man wohl (obgleich nicht ganz passend) Gemeinheit oder

Entartung der Neigungen nennen kann, wodurch ein Jeder, der sich dessen schuldig macht, zwar nicht strafwürdig, aber doch nothwendig und füglich zum Gegenstande der Abneigung, oder im äußersten Falle selbst der Verachtung wird. Die entgegengesetzten Eigenschaften könnten nicht in gehöriger Stärke entwickelt sein, wenn man nicht diese Gefühle hegt. Es kann Jemand, ohne uns irgend ein Unrecht zuzufügen, so handeln, daß er nach unserer Denk- und Gefühlsweise nothwendig als ein Narr, oder als ein Wesen untergeordneter Art erscheint: und da ihm diese unsere Stimmung nicht angenehm sein kann, so geschieht ihm ein Dienst, wenn wir ihn schon vorläufig, wie vor jeder anderen unangenehmen Folge, der er sich aussetzt, davor warnen. Es könnte in der That nur vortheilhaft wirken, wenn man diesen guten Dienst viel häufiger leistete, als die gewöhnlichen Begriffe von Höflichkeit gegenwärtig zulassen, und wenn man einen Andern aufrichtig auf seine Fehler aufmerksam machen dürfte, ohne deßwegen für ungesittet oder anmaßend zu gelten. Ebenso haben wir ein Recht, unsere ungünstige Meinung von irgend Jemanden durch diese und jene Handlungsweise geltend zu machen, nicht um seine Persönlichkeit zu unterdrücken, sondern um die unsrige zu behaupten. Wir sind zum Beispiel nicht gezwungen, seine Gesellschaft aufzusuchen; wir haben das Recht sie zu vermeiden (obgleich nicht mit der Vermeidung zu prahlen); denn wir haben das Recht, die uns angenehme Gesellschaft aufzusuchen. Wir haben das Recht, und möglicherweise auch die Pflicht, Andere gegen ihn zu warnen, wenn wir glauben, daß sein Umgang oder seine Unterhaltung möglicherweise auf seine Gesellschaft einen verderblichen Einfluß üben könne. Wir dürfen ihm Andere bei allen Diensten, die wir aus freien Stücken leisten, vorziehen, soweit diese nicht zu seiner Besserung dienen. Auf diese verschiedene Art kann Jemand durch die Hände Anderer sehr schwere Strafe für Fehler erleiden, die zunächst nur ihn selber treffen; allein er erleidet diese Strafen nur insofern es die natürlichen und gleichsam sich von selbst ergebenden Folgen der eigenen Fehler sind, nicht weil sie ihm absichtlich als eine Buße auferlegt werden. Wer sich durch Uebereilung, Eigensinn, Dünkel bemerklich macht — wer nicht mit mäßigen Mitteln auszukommen vermag — wer sich schädlicher Genüsse nicht enthalten kann — wer sinnlichen Vergnügungen auf Kosten seiner besseren Gefühlsweise und Denkart nachgeht — muß darauf gefaßt sein, in der Meinung Anderer zu sinken, und mit weniger günstigen Augen angesehen zu werden; allein er hat kein Recht sich darüber zu beschweren, es sei denn, daß er durch besondere Vorzüge in seinen gesellschaftlichen Beziehungen ihre Gunst verdiente, und sich so ein Anrecht auf ihre gütige Behandlung erwarb, das durch seine Sünden gegen sich selbst nicht verringert wird.

Meinem Dafürhalten nach sollten demnach die von dem ungünstigen Urtheil Anderer unbedingt unzertrennlichen Unannehmlichkeiten die einzigen sein, womit Jemand für den Theil seines Betragens und Charakters heimgesucht werden darf, der sein eigenes Wohl, nicht aber die Anliegen Anderer in ihren Beziehungen zu ihm betrifft. Handlungen, wodurch man Anderen einen Nachtheil zufügt, verlangen eine ganz verschiedene Behandlung. Eingriffe in ihre Rechte, Zufügung irgend eines Verlusts oder Schadens, der durch unsere eigenen Rechte nicht gerechtfertigt wird; Falschheit oder Doppelzüngigkeit im Betragen gegen Andere; unredlicher oder ungroßmüthiger Gebrauch eines Vortheils über sie; sogar selbstsüchtiges Zurückweichen, wo es ihre Vertheidigung gegen irgend welche Benachtheiligung gilt — dies sind geeignete Veranlassungen sittlicher Mißbilligung, und in schweren Fällen sittlicher Vergeltung und Bestrafung. Und nicht allein diese Handlungen, auch die Neigungen, die dazu führen, sind im eigentlichen Sinn unsittlich und geeignet, eine Mißbilligung hervorzurufen, die sich bis zum Abscheu steigern kann. Anlage zur Grausamkeit; Bosheit und Uebelwollen; die anti=gesellschaftlichste und verächt=

lichste aller Leidenschaften, der Neid; Verstellung und Unaufrichtigkeit; eine reizbare Heftigkeit und eine Erbitterung, die zu der Herausforderung in keinem Verhältniß steht; Herrschsucht und Gewinngier auf Kosten Anderer (die πλεονεξία der Griechen); der Stolz, der aus der Demüthigung Anderer seine Befriedigung zieht; die Selbstsucht, die das eigene Ich und seine Angelegenheiten für das Wichtigste hält und alle zweifelhaften Fragen zu eigenen Gunsten entscheidet: das sind sittliche Laster, die einen schlechten und verächtlichen Charakter bilden — unähnlich den früher erwähnten Fehlern gegen sich selbst, die nicht eigentlich unsittlich sind, und soweit sie auch getrieben werden mögen, nicht als Schlechtigkeit gelten können. Sie mögen die höchste Thorheit oder den größten Mangel an persönlicher Würde und Selbstachtung beweisen; sittlich verwerflich werden sie doch nur dann, sofern sie die Verletzung einer Pflicht gegen Andere einschließen, um derentwillen der Einzelne für sein eigenes Wohl Sorge tragen sollte. Was man Pflichten gegen sich selbst nennt, sind keine von Gesellschaft wegen verbindliche Pflichten, sofern sie nicht nach den Umständen zugleich Pflichten gegen Andere bedingen. Der Ausdruck Pflicht gegen sich selbst, wo er irgend etwas Anderes als Klugheit sagen will, bedeutet Selbstachtung oder Selbstentwickelung; und dafür ist seinen Mitmenschen Niemand verantwortlich, weil das gesellschaftliche Wohl von einer solchen Verantwortlichkeit unabhängig ist.

Der Unterschied zwischen der verringerten Achtung, die Jemandem wegen des Mangels an Klugheit oder persönlicher Würde mit Recht zu Theil wird, und dagegen der Verachtung, die ihm für eine Verletzung der Rechte Anderer gebührt, ist nicht allein eine nominelle Unterscheidung. Sowohl in unseren Gefühlen wie in unserem Betragen gegen ihn macht es einen weiten Unterschied, ob er uns in Dingen mißfällt, worin wir uns ein Recht, ihn zu beschränken, zuschreiben, oder in Dingen, worin wir uns keines solchen Rechtes bewußt sind. Mißfällt er uns, so mögen wir unseren Widerwillen ausdrücken und uns entfernt halten von einer mißfälligen Person, so gut wie von einer mißfälligen Sache; allein wir fühlen darum noch keinen Beruf, störend in sein Leben einzugreifen. Wir werden überlegen, daß er die volle Strafe seines Irrthums bereits trägt oder tragen wird; zerrüttet er sein Leben durch verkehrte Führung, so ist das für uns kein Grund, es auf seine tiefere Herabwürdigung abzusehen: im Gegentheil, statt ihn noch mehr zu strafen, werden wir seine Strafe eher zu lindern wünschen, indem wir ihn auf den rechten Weg führen, um die Uebel, die aus seinem Betragen entstehen müssen, zu vermeiden oder wieder gut zu machen. Er kann für uns ein Gegenstand des Mitleids, vielleicht des Widerwillens, aber nicht des Zorns oder der Erbitterung sein; wir werden ihn nicht wie einen Feind der Gesellschaft behandeln: das Schlimmste, was wir ihm zufügen, ist, daß wir ihn sich selbst überlassen, sofern uns das Wohlwollen nicht zur Theilnahme und Unterstützung bewegt. Ganz anders verhält es sich, wenn er sich gegen die Regeln vergangen hat, die zum Schutze seiner Mitmenschen, der Einzelnen oder der Gesammtheit, festgehalten werden müssen. Die schlimmen Folgen seiner Handlungsweise fallen dann nicht auf ihn selbst, sondern auf Andere zurück; die Gesellschaft, als Beschützer aller ihrer Mitglieder, muß dafür Vergeltung an ihm üben, muß ihn zum ausdrücklichen Zweck seiner Bestrafung dafür leiden lassen, und Sorge tragen, daß diese hinreichend streng ausfalle. Im einen Fall ist er ein Uebelthäter vor unserem Richterstuhle, und wir sind berufen, nicht nur über ihn zu Gericht zu sitzen, sondern in der einen oder andern Form unseren eigenen Spruch auch auszuführen; im andern Fall sind wir nicht dazu berufen, ihm irgend Leiden zuzufügen, außer denen, die der Gebrauch derselben Freiheit in der Sorge für unsere eigenen Anliegen, die wir auch ihm für die seinigen gewähren, mehr zufällig mit sich bringt.

Die hier angedeutete Unterscheidung zwischen unserem Leben,

soweit es uns selbst, und soweit es dagegen Andere angeht, werden Viele nicht gelten lassen. Wie könnte (mag man einwenden) irgend ein Theil der Handlungsweise eines Mitglieds der Gesellschaft für die übrigen gleichgültig sein? Kein Mensch steht ganz vereinzelt da; es ist unmöglich, daß Jemand sich selber einen wesentlichen und bleibenden Nachtheil zufüge, ohne daß wenigstens seine nächsten Lebenskreise, und oft noch viel weitere Kreise Schaden dadurch leiden. Verschleudert er sein Vermögen, so schadet er denen, die unmittelbar oder mittelbar ihren Unterhalt davon zogen, und verringert in der Regel in einem größeren oder geringeren Betrag die Hülfsmittel der Gesammtheit. Mißbraucht er seine körperlichen und geistigen Eigenschaften, so fügt er nicht nur allen denen einen Uebel zu, deren Wohl mehr oder weniger von ihm abhängt, er macht sich auch für die Dienste untauglich, die er seinen Mitmenschen im Allgemeinen schuldet, wird vielleicht eine Bürde für ihre Anhänglichkeit oder ihr Wohlwollen, so daß, wenn eine solche Handlungsweise sehr häufig würde, kaum irgend ein anderes Vergehen das allgemeine Wohl so empfindlich benachtheiligen würde. Wenn endlich Jemand durch seine Thorheiten oder Laster auch Anderen keinen unmittelbaren Schaden zufügt, so wirkt doch (könnte man sagen) sein Beispiel verderblich, und wäre ein Zwang zu seiner Selbstbeschränkung schon aus dem Grunde statthaft, damit durch das Schauspiel oder die Kunde seines Betragens Niemand verdorben oder mißleitet werde.

Und wenn sich selbst (wird man hinzufügen) die Folgen übler Aufführung auf die Lasterhaften und Thoren beschränken ließen, darf die Gesellschaft diejenigen ihrer eigenen Führung überlassen, die sich dazu offenbar unfähig zeigen? Wenn Kindern und Personen in unreifen Jahren unbestritten ein Schutz gegen sich selbst gebührt, darf diesen dann die Gesellschaft Personen von reiferen Jahren versagen, sofern sich diese zur Selbstbeherrschung gleich unfähig zeigen? Wenn die Laster des Spiels, der Trunken-

heit, der Ausschweifung, Trägheit, Unreinlichkeit dem Wohle eben
so nachtheilig und der Vervollkomnung ebenso im Wege sind,
wie viele oder die meisten der vom Gesetz verpönten Handlungen,
warum (ließe sich fragen) sollte das Gesetz nicht versuchen, auch
sie, soweit es ausführbar und für die Gesellschaft gelegen ist, zu
unterdrücken? Und sollte nicht, als Ergänzung der unvermeidlichen
Unvollkommenheiten des Gesetzes, wenigstens die öffentliche Mei=
nung gegen diese Laster kräftig Polizei üben und diejenigen, die
ihnen offenkundig fröhnen, mit schweren, gesellschaftlichen Strafen
heimsuchen? Hier handelt es sich nicht darum (könnte man sagen),
die Persönlichkeit zu beschränken, oder den Versuch neuer und
eigenthümlicher Lebensarten zu stören. Was man allein verhin=
dern will, sind Dinge, die seit Anfang der Welt bis auf diesen
Tag erprobt und beurtheilt wurden, die nach aller Erfahrung
keiner einzigen Persönlichkeit zum Nutzen oder zur Annehmlichkeit
gereichen. Irgend eine Zeitlänge oder ein Maß der Erfahrung
muß es geben, wonach eine Wahrheit, ein Grundsatz der Sitte
oder Klugheit als begründet gelten kann: und es handelt sich hier
nur darum, daß nicht eine Generation nach der anderen in den=
selben Abgrund gleite, der schon ihren Vorfahren verderblich
wurde. —

Ich gebe vollständig zu, daß der Nachtheil, den sich Jemand
selber zufügt, sowohl die Theilnahme wie die Anliegen seiner
nächsten Lebenskreise, und in geringerem Grade der ganzen Gesell=
schaft, sehr wesentlich berühren kann. Sofern ein solches Betragen
dahin führt, daß Jemand eine bestimmte, nachweisbare Verpflich=
tung gegen irgend einen Dritten oder Dritte verletzt, so tritt
dieser Fall damit aus der Klasse der Handlungen, die nur ihn
selbst angehen, und unterliegt einer sittlichen Mißbilligung im
eigentlichen Sinn des Worts. Wenn beispielsweise ein Mann,
in Folge von Ausschweifung und Verschwendung, seine Schulden
nicht bezahlen kann, oder, sofern er die sittliche Verantwortlichkeit

für eine Familie übernommen hat, diese aus denselben Gründen nicht zu erhalten und zu erziehen vermag, so wird er dadurch mit Recht verächtlich und, wollte man darauf bestehen, strafwürdig: aber nur weil er seine Pflicht gegen seine Gläubiger oder Familie verletzt hat, nicht wegen seiner Verschwendung. Wenn er diesen die Mittel, die ihnen mit Recht gebührten, um der gewinnbringendsten Anlage willen entzogen hätte, war doch die moralische Schuld ganz dieselbe. Georg Barnwell ermordete seinen Onkel, um für seine Geliebte Geld zu erlangen; hätte er es gethan, um damit ein Geschäft anzufangen, so wäre er nicht minder gehängt worden. Ebenso verhält es sich in den zahlreichen Fällen, wo Jemand durch schlechte Gewohnheiten seiner Familie Kummer macht; er verdient dann Vorwürfe wegen seiner Herzlosigkeit oder Undankbarkeit, aber er verdient diese nicht weniger, wenn seine Gewohnheiten, ohne an sich lasterhaft zu sein, diejenigen, die ihm näher stehen oder durch persönliche Bande von ihm abhängen, bekümmern. Wer es irgendwie an den allgemeinen Rücksichten, die man den Anliegen und Gefühlen Anderer schuldet, fehlen läßt, ohne dazu durch eine gebieterischere Pflicht gezwungen oder durch eine billige Rücksicht auf sich selbst bewogen zu sein, wird durch diese Verirrung zum Gegenstand der moralischen Mißbilligung, aber nicht durch die Ursachen derselben, noch durch die Fehler, die dazu geführt haben mögen und nur ihn selbst angehen. So macht sich auch Jemand durch eine Aufführung, die nur ihn selbst berührt, sofern er dadurch zur Vollbringung irgend einer bestimmten, ihm gegen die Gesammtheit obliegenden, Pflicht untauglich wird, eines gesellschaftlichen Vergehens schuldig. Wegen Trunkenheit allein sollte Niemand gestraft werden; aber der Soldat oder Polizeibeamte, der sich auf seinem Posten betrinkt, wird dadurch strafwürdig. Wo mit Einem Wort ein bestimmter Nachtheil, oder die bestimmte Gefahr eines Nachtheils vorliegt, ob dieser einen Einzelnen oder die Gesammtheit trifft, tritt damit der Fall außer

8*

den Bereich der Freiheit, und wird dem des Sittengebots oder des Gesetzes unterthan.

Allein in Bezug auf den nur nebenhergehenden, oder wie man sich ausdrücken könnte, mittelbaren Schaden, den Jemand der Gesellschaft durch eine Aufführung verursacht, wodurch man weder eine bestimmte Pflicht gegen die Gesammtheit verletzt, noch irgend einem nachweisbaren Einzelnen einen wahrnehmbaren Nachtheil zufügt, erlauben es der Gesellschaft ihre Mittel, daß sie diese Unannehmlichkeit, dem höheren Gut der menschlichen Freiheit zu Lieb, ertrage. Sollen Erwachsene dafür Strafe leiden, daß sie ihr eignes Wohl außer Acht lassen, so würde ich noch weniger einwenden, wenn es um ihrer selbst willen, als unter dem Vorwande geschieht, es gelte die Gefahr abzuwenden, daß sie zu Diensten weniger tauglich würden, worauf der Gesellschaft eingestandnermaßen gar kein Recht zusteht. Allein ich kann mich in dieser Streitfrage überhaupt nicht zu dem Standpunkt verstehen, daß es für die Gesellschaft, um ihre schwächeren Mitglieder zur Durchschnittsstufe eines vernünftigen Benehmens zu erheben, keinen bessern Weg gebe, als den Augenblick irgend einer unvernünftigen Handlung abzuwarten, und dann mit gesetzlichen oder moralischen Strafen dagegen einzuschreiten. Während der ganzen ersten Entwicklungs=Periode sind wir vollständig in die Macht der Gesellschaft gegeben; die ganze Kindheit und das ganze frühere Jugendalter stand ihr zu dem Versuch zu Gebot, ob sie vernünftige Menschen aus uns zu bilden vermochte. Das lebende Geschlecht beherrscht zugleich die Erziehung und alle Lebensumstände des folgenden Geschlechts; es vermag dieses zwar nicht zu vollkommener Weisheit und Güte zu erziehen, sofern es selbst an Güte und Weisheit noch so bedauerlich zurück ist, und seine löblichsten Anstrengungen nicht immer in jedem einzelnen Fall auch die erfolgreichsten sind; aber es vermag doch jedenfalls soviel zu erreichen, daß das aufwachsende Geschlecht im Ganzen ebenso gut, und etwas besser, als seine Erzieher, geräth.

Gibt die Gesellschaft zu, daß eine beträchtliche Anzahl ihrer Mitglieder zu großen Kindern aufwächst, auf die vernünftige Beweggründe und entferntere Beweggründe keinen Einfluß üben, so hat sie sich für die Folgen nur selber anzuklagen. Mit der ganzen Macht nicht nur der Erziehung, sondern auch der Ueberlegenheit ausgerüstet, die das Machtgebot einer herkömmlichen Meinung auf die Gemüther, die am Wenigsten für sich selber urtheilen können, stets ausüben muß, und unterstützt von den natürlichen Strafen, wovon, wer die Abneigung oder die Verachtung seiner Umgebung erregt, unvermeidlich betroffen wird: möge auch die Gesellschaft nicht vorgeben, daß sie noch einer weiteren Macht bedürfe, um Befehle zu erlassen und Gehorsam zu erzwingen, wo es sich um rein persönliche Anliegen handelt, deren Entscheidung, nach allen Grundsätzen der Gerechtigkeit und Klugheit bei denen verbleiben sollte, die die Folgen davon tragen müssen. Ueberdem ist nichts mehr geeignet, die wirksameren Mittel der gesellschaftlichen Zucht in Mißkredit zu bringen und zu vereiteln, als wenn man seine Zuflucht zu den unwirksameren nimmt. Wenn in den Mitgliedern der Gesellschaft, die man zur Klugheit und Selbstbeschränkung maßregeln möchte, irgend etwas von dem Stoff steckt, woraus sich kräftige und unabhängige Charaktere bilden, so werden sie sich gegen das Joch unfehlbar auflehnen. Keiner darunter wird je so fühlen, als ob ihn die Anderen in seinen eigenen Anliegen mit demselben Recht beschränkten, womit sie ihn an jeder Benachtheiligung ihrer eigenen Anliegen verhindern. Und es gilt dann leicht als ein Beweis von Muth und Entschlossenheit, gegen das angemaßte Machtgebot die Zähne zu zeigen, und eine unterschiedslose Verachtung seiner Vorschriften zur Schau zu tragen; wie zur Zeit Karls II., wo der unduldsamen Sittenstrenge der Puritaner die gröbste Unsittlichkeit auf dem Fuße folgte. Will man andrerseits die Nothwendigkeit vorschützen, die Gesellschaft vor dem bösen Beispiel der Lasterhaften oder moralischen Schwächlinge zu bewahren, so ist zwar richtig, daß das böse Beispiel, insbesondere das Beispiel Anderen ungestraft zu nahe zu treten, gute Sitten verderben kann. Allein hier handelt es sich auch nur um die Aufführung, die an sich schon, während sie andern kein Uebel zufügt, den Thäter selbst zur Genüge straft; und ich begreife nicht wie, wer dieß einsieht, nicht zugeben sollte, daß das Beispiel im Ganzen eher heilsam als nachtheilig wirken muß, sofern es zwar eine schlechte Aufführung, zugleich aber auch alle schlimmen oder herabwürdigenden Folgen aufdeckt, die diese, sofern sie wirklich Tadel verdient, in allen oder den meisten Fällen nach sich ziehen muß.

Am Schwersten unter allen Beweisgründen gegen die Einmischung der Gesammtheit in rein persönliche Anliegen wiegt jedoch die Wahrscheinlichkeit, daß eine solche Dazwischenkunft, sofern sie stattfindet, nicht in der rechten Art und nicht an der rechten Stelle stattfindet. Ueber Fragen der gesellschaftlichen Sittlichkeit, der Pflichten gegen Andere, wird die öffentliche Meinung, das heißt die Meinung einer herrschenden Mehrheit, obgleich oft ein unrichtiges, doch noch öfter muthmaßlich ein richtiges Verfahren einschlagen; weil sie bei solchen Fragen nur über ihre eigenen Anliegen, über die Art wie sie durch eine bestimmte Handlungsweise, wäre diese gestattet, selbst berührt wurde, aburtheilt. Wo jedoch die Meinung einer ähnlichen Mehrheit der Minderheit in Fragen, die nur uns selbst berühren, das Gesetz macht, kann sie ganz ebensowohl fehl als recht gehen; denn in solchen Fällen bedeutet die öffentliche Meinung, im besten Falle, nur die Meinung von Einigen über das, was Anderen zum Wohl oder Uebel ausschlägt, und sehr oft nicht einmal soviel, sofern die Gesammtheit vollkommen gleichgültig über das Wohl oder Wehe der Opfer ihres Tadels hinwegzugehen, und nur ihre eigene Vorliebe zu berücksichtigen pflegt. Von sehr Vielen wird ein Betragen, das ihnen mißfällt, wie eine persönliche Beleidigung empfunden und wie ein böswilliger Angriff auf ihre Gefühle geahndet; gleich

jenem religiösen Glaubenseiferer, der, als man ihn der Mißach=
tung der religiösen Gefühle Anderer beschuldigte, mit der Gegen=
beschuldigung antwortete, daß sie durch das Festhalten an ihrer
abscheulichen Gottesverehrung seine eigenen Gefühle verletzten.
Zwischen den Gefühlen, die Einer für seine eigene Meinung hegt,
und den Gefühlen eines Andern, der sich darüber, daß er sie
hegt, beleidigt fühlt, ist jedoch gar kein Vergleich möglich; so
wenig wie zwischen dem Wunsch eines Diebs, eine Börse zu stehlen,
und dem Wunsche des rechten Eigenthümers, sie zu behalten. Ob
mir Etwas gefällt, ist ganz ebenso sehr meine eigne Sache, wie
meine Meinung oder Börse. Es kostet keine große Anstrengung,
sich eine ideale Gesammtheit vorzustellen, die die Freiheit der Ein=
zelnen in allen zweifelhaften Dingen unangetastet läßt, und nur
diejenigen Lebensarten verpönt, die durch die allgemeine Erfahrung
verurtheilt sind. Allein wo gab es je eine Gesammtheit, die ihrer
Censur diese Gränze setzte? Oder wo kümmert sich eine Gesammt=
heit um die Allgemeinheit der Erfahrung? Ihre Einmischung in
persönliche Anliegen klammert sich in der Regel nur an das
schwere Verbrechen, daß man anders als sie selbst fühlt und han=
delt; diesen — dünn verschleierten — Maßstab der Beurtheilung,
als das Gebot der Religion und Lebensweisheit, zu verherrlichen,
sind Neun Zehntel aller Sittenlehrer und spekulativen Gesell=
schaftsforscher einverstanden. Nach ihrer Lehre sind die Dinge
recht, weil sie recht sind: weil wir fühlen, daß sie so sein müssen.
In unserem eigenen Geiste und Herzen, sagen sie uns, müssen wir
nach den Lebensregeln forschen, die mit uns selbst auch alle An=
deren binden sollen. Was bleibt der armen Gesellschaft übrig,
als diese Lehren anzuwenden, und die eigenen persönlichen Gefühle
über gut und böse, sofern sie sich leidlich darüber zu einigen
vermag, für alle Welt zur Zwangspflicht zu machen?

Das hier hervorgehobene Uebel besteht nicht allein in der
Theorie; und man erwartet vielleicht, daß ich die einzelnen Fälle

kennzeichne, wo die Gesellschaft dieses Zeitalters und Landes ihre eigenen Neigungen ungehöriger Weise mit dem Charakter sittlicher Gesetze bekleidet. Ich schreibe jedoch keine Untersuchung über die Verirrungen der bestehenden sittlichen Gefühlsweise; die Aufgabe ist zu gewichtig, um sie so beiläufig und zum Zwecke der Veranschaulichung zu erledigen. Es bedarf jedoch der Beispiele, um nachzuweisen, daß dem von mir aufgestellten Grundsatze eine wesentliche und praktische Bedeutung zukommt, und daß ich mich hier nicht um eine Beschränkung eingebildeter Uebelstände bemühe. Und es fehlt nicht an zahlreichen Beispielen, daß unter allen menschlichen Neigungen keine allgemeiner ist, als das Streben, den Bereich der so zu nennenden moralischen Polizei soweit auszudehnen, daß sich schließlich darin auch die unbestreitbarsten Freiheiten der Persönlichkeit verstricken.

Als ein erstes Beispiel weisen wir auf die Abneigung, die man gegen Personen von anderen religiösen Meinungen aus keinem anderen Grunde nährt, als weil sie sich nicht derselben religiösen Gebräuche, insbesondere derselben religiösen Enthaltsamkeit befleißigen. Um ein eher abgedroschenes Beispiel anzuführen, so schärft nichts so den Haß der Mohamedaner gegen den Glauben und die Gebräuche der Christen, als unser Gebrauch, Schweinefleisch zu essen. Es gibt wenige Handlungen, die Christen und Europäer mit so unverstelltem Abschen betrachten, als die Muselmänner diese besondere Art, den Hunger zu stillen. In erster Linie liegt darin eine Beleidigung gegen ihre Religion; allein dieser Umstand erklärt doch weder den Grad noch die Art ihres Widerwillens; denn auch der Wein ist durch ihre Religion verboten, und sein Genuß gilt bei allen Muselmännern für ein Unrecht, ohne darum ihren Abscheu zu erregen. Ihre Abneigung gegen das Fleisch des „unreinen Thiers" trägt im Gegentheil jenen eigenthümlichen, einem angebornen Widerwillen ähnelnden Charakter, den die Vorstellung des Unreinen, wenn sie sich einmal vollständig des Gefühls bemächtigt, immer und selbst bei denen zu erregen scheint, die in ihren persönlichen Gewohnheiten nichts weniger als eine strenge Reinlichkeit zur Schau tragen, und der sich in dem lebendigen Gefühle der Hindus für religiöse Unreinlichkeit so deutlich ausprägt. Denken wir uns nun ein Volk, unter dem die Muselmänner die Mehrheit bildeten, und daß diese den Genuß des Schweinfleischs innerhalb ihres Landes unter keinen Umständen gestatten wollten. In Mohamedanischen Ländern wäre dieß nichts Neues.*) Wäre diese Anwendung des sittlichen Machtgebots der öffentlichen Meinung zu rechtfertigen? Und wenn nicht, warum nicht? Der Gebrauch ist für eine so zusammengesetzte Gesammtheit wirklich empörend. Auch ist diese der aufrichtigen Ueberzeugung, daß er von der Gottheit verboten und verabscheut wird. Und ebenso wenig ließe sich das Verbot als eine Handlung religiöser Verfolgungssucht verwerfen. Es mögte in der Religion seinen Ursprung nehmen, aber es wäre keine Verfolgung um der Religion willen, da Niemand durch seine Religion gezwungen wird, Schweinefleisch zu essen. Der einzig haltbare Grund seiner Verwerflichkeit, wäre der, daß sich in die Neigungen und Anliegen

---

*) Der Fall der Parsen in Bombay gibt dazu einen bemerkenswerthen Beleg. Als dieser betriebsame und unternehmende Stamm, die Nachkommen der persischen Feueranbeter, auf der Flucht aus ihrem Heimathlande vor den Kaliphen, im westlichen Indien anlangte, wurden sie von den Hindu-Fürsten geduldet und zugelassen, unter der Bedingung, kein Ochsenfleisch zu essen. Als diese Gegenden später unter die Herrschaft der Mohamedanischen Eroberer kamen, wurde die Duldung der Parsen auf's Neue anerkannt, unter der Bedingung, daß sie sich des Schweinefleischs enthielten. Was zuerst aus dem Gehorsam gegen ein Machtgebot hervorging, wurde zur zweiten Natur, und bis auf diesen Tag verschmähen die Parsen alles Ochsen- und Schweinefleisch. Obgleich es ihnen ihre Religion nicht zur Vorschrift macht, ist doch die eine und andere Gewohnheit zu einem Stammesherkommen erstarkt: und Herkommen, im Osten, ist Religion.

des Einzelnen, soweit sie ihn allein angehen, die Gesammtheit nicht einzumischen hat.

Um ein näherliegendes Beispiel zu wählen: die Mehrheit der Spanier hält es für eine arge und dem höchsten Wesen entschieden mißfällige Gottlosigkeit, dasselbe in irgend einer andern als der römisch-katholischen Weise zu verehren; und keine andere öffentliche Gottesverehrung genießt auf dem Boden Spaniens gesetzliche Duldung. Dem Volk in ganz Südeuropa ist aber eine verheirathete Geistlichkeit nicht allein ein irreligiöses, sondern ein unkeusches, unanständiges, gemeines, ekelerregendes Schauspiel. Was meinen die Protestanten zu diesen vollkommen aufrichtigen Gefühlen und dem Versuch, sie gegen Nicht-Katholiken geltend zu machen? Wenn man jedoch den Menschen das Recht zuerkennt, sich gegenseitig ihre Freiheit in Dingen zu beschränken, die die Anliegen Dritter gar nicht berühren, wo liegt dann ein genügender Grund, um diese Fälle auszuschließen? Wer wollte es den Leuten dann verdenken, wenn sie Etwas zu unterdrücken suchen, was ihnen in den Augen Gottes und der Menschen für eine Schmach gilt? Ein stärkerer Grund, um zu verbieten, was man für eine persönliche Unsittlichkeit hält, als der bei der Unterdrückung dieser Gebräuche in den Augen derer obwaltet, die sie für Gottlosigkeiten halten, ist gar nicht denkbar; wenn wir uns nicht der Logik der Verfolgungssucht bequemen und behaupten wollen, daß wir Andere verfolgen dürfen, weil wir im Recht, und daß sie uns nicht verfolgen dürfen, weil sie im Unrecht sind, so müssen wir uns auch gegen einen Grundsatz verwahren, den wir in seiner Anwendung auf uns selbst als eine schwere Ungerechtigkeit empfinden würden.

Vielleicht erhebt man gegen die vorhergehenden Beispiele, wenn auch mit Unrecht, den Einwand, daß sie sich auf Fälle beziehen, die unter uns nicht vorkommen können: die öffentliche Meinung in unserem Lande werde nicht so leicht auf der Enthalt-

samkeit bestimmter Fleischspeisen bestehen, oder in die Art der
Gottesverehrung sich einmischen, oder darnach fragen, ob man, je
nach Glauben und Neigung, heirathet oder nicht heirathet. Das
folgende Beispiel gilt jedoch einer Einmischung in die Freiheit,
deren Gefahr auch heute noch lange nicht überwunden ist. Wo
nur die Puritaner mächtig genug waren, wie in Neu=England
und in Großbritanien in der Zeit der Republik, ließen sie sich
auch eine erfolgreiche Unterdrückung aller öffentlichen, und beinahe
aller Privatvergnügungen angelegen sein: insbesondere der Musik,
des Tanzes, der öffentlichen Kampfspiele, und sonstiger Zusammen=
künfte zu Zwecken der Lustbarkeit, und des Theaters. Noch heute
findet sich in diesem Lande eine Menge von Personen, nach deren
sittlichen und religiösen Begriffen derartige Erheiterungen keine
Duldung verdienen; und sofern sie großentheils der Mittelklasse
angehören, das heißt der Klasse, der in unseren gegebenen gesell=
schaftlichen und staatlichen Zuständen die Zukunft gehört, so ist
es nichts weniger als undenkbar, daß Leute von dieser Denkart
in Zukunft einmal die Mehrheit im Parlamente bilden. Wie
wird es dann den übrigen Mitgliedern der Gemeinschaft gefallen,
wenn ihnen die erlaubten Vergnügungen nach den religiösen und
moralischen Begriffen der strengeren Kalvinisten und Methodisten
zugemessen werden. Werden sie nicht der zudringlichen Frömmig=
keit dieser Mitglieder der Gesellschaft mit einigem Nachdruck be=
deuten, daß sie sich um ihre eigenen Angelegenheiten bekümmern
möchten? Genau dieselbe Antwort gebührt jeder Regierung und
jeder Gesammtheit, sofern sie sich anmaßt, allen Andern einen
Genuß zu untersagen, weil sie ihn selber für unrecht hält. Gibt
man einmal eine solche Anmaßung im Grundsatze zu, so läßt
sich auch folgerichtig nichts einwenden, warum nicht im Sinne
einer Mehrheit oder sonst einer herrschenden gesellschaftlichen Macht
darnach gehandelt werden sollte; ein Jeder mag sich dann gefaßt
machen, sich wieder in die Vorstellungen eines christlichen Ge=

meinwohls, wie es die ersten Ansiedler in Neu-England verstanden, zu schicken, sobald je ein diesem Glauben verwandtes Bekenntniß, wie mit scheinbar abgängigen Religionen schon so oft der Fall war, den verlorenen Boden wieder gewinnen sollte.

Versetzen wir uns in einen andern Fall, der sich vielleicht noch eher verwirklichen könnte, als der eben erwähnte. Die Gegenwart gehorcht augenscheinlich einer starken Strömung, die die Gesellschaft einer demokratischen Umwandlung, mit oder ohne Begleitung volksthümlicher staatlicher Einrichtungen, zuführt. Man behauptet nun, daß in dem Lande, wo diese Strömung fast jeden Widerstand überwunden hat — wo zugleich die Gesellschaft und die Regierung am demokratischsten sind — den vereinigten Staaten — die Denkart der Mehrheit, der jeder Anschein einer glänzenderen oder kostbareren Lebensweise, womit sie selbst nicht zu wetteifern vermag, zuwider ist, mit ganz ähnlichem Erfolge wie ein Aufwandsgesetz wirkt, und daß es in vielen Gebieten der Union einer Person von sehr beträchtlichen Mitteln wirklich schwer fällt, ihr Vermögen zu genießen, ohne dadurch das öffentliche Mißfallen zu erregen. Wenn auch in solchen Angaben die in Wirklichkeit vorhandenen Zustände in der Regel sehr übertrieben erscheinen, so sind doch die hier erwähnten Verhältnisse nicht nur eine denkbare und mögliche, sondern eine wahrscheinliche Folge einer demokratischen Denkart, wenn sie sich, wie in diesem Fall, der Vorstellung verbündet, daß der Gesammtheit ein Veto über die Art und Weise, wie der Einzelne sein Einkommen verwenden solle, zustehe. Dann bedarf es aber nur noch einer hinreichenden Verbreitung socialistischer Meinungen, damit es in den Augen der Mehrheit für eine Schande gelte, mehr als ein ganz geringes Vermögen oder überhaupt ein Einkommen zu besitzen, das man nicht der Arbeit seiner Hände verdankt. Meinungen, die diesen im Grundsatz ganz ähnlich sind, besitzen schon gegenwärtig unter den Gewerbsarbeitern eine sehr verbreitete Geltung, und fallen allen denen, die vorzugsweise unter dem Drucke der Meinung dieser Klasse stehen, nämlich ihren eigenen Mitgliedern, nicht wenig zur Last. Wie bekannt, sind die schlechten Arbeiter, die in vielen Gewerbszweigen die Mehrheit bilden, entschieden der Meinung, daß der schlechte Arbeiter soviel Lohn wie der gute erhalten, und es keinem gestattet sein sollte, mittels der Stückarbeit oder auf andere Weise, durch seine überlegene Geschicklichkeit oder Betriebsamkeit, mehr zu erwerben, als dieß andere ohne diese Vorzüge fertig bringen. Und um jede Uebereinkunft über einen höheren Lohn für nützlichere Dienste zu verhindern, wenden sie sowohl gegen die geschickteren Arbeiter, wie gegen die Unternehmer eine Art moralischer Polizei an, aus der nicht selten auch eine physische wird. Steht der Gesammtheit irgend eine Gerichtsbarkeit über Privatanliegen zu, so sehe ich keinen Grund diese Leute zu tadeln, oder es überhaupt der besonderen Gesammtheit, der irgend ein Einzelner angehört, zu verübeln, wenn sie über seine persönliche Handlungsweise dasselbe Machtgebot geltend macht, das die große Gesammtheit über ihre Mitglieder im Allgemeinen beansprucht.

Es bedarf jedoch keiner solchen ersonnenen Beispiele; es werden noch unter unseren Augen die gröbsten Eingriffe in die Freiheit des Privatlebens thatsächlich begangen — noch schreiendere mit einiger Aussicht auf Erfolg angedroht, und Meinungen laut, wonach der Gesammtheit das Recht zusteht, nicht nur Alles, was ihr Unrecht dünkt, gesetzlich zu verbieten, sondern auch um diesem vermeintlichen Unrecht beizukommen, beliebige Dinge zu untersagen, die sie im Uebrigen als ganz unschuldig anerkennt.

Unter dem Namen der Verhütung der Unmäßigkeit ist es dem Volke einer englischen Kolonie, und in nahezu der Hälfte des Vereinigten Staatengebiets gesetzlich untersagt, sich irgend welcher gegohrener Getränke, außer für ärztliche Zwecke zu bedienen: denn die Verhinderung ihres Verkaufs bewirkt in der That, was sie bewirken soll, die Verhinderung ihres Gebrauchs. Und obgleich die Unausführbarkeit des Gesetzes in verschiedenen der Staaten, die es angenommen, unter andern auch in dem, wovon es den Namen entlehnt, zu seiner Abschaffung führte, so sind nichtsdestoweniger Bestrebungen im Gange, und viele Menschenfreunde von Beruf auf das Eifrigste bemüht, für ein ähnliches Gesetz auch in unserem Lande einen Anhang zu werben. Der Verein, oder die „Allianz," wie sie sich nennt, die für diesen Zweck gebildet wurde, wurde auch in weiteren Kreisen durch die Veröffentlichung eines Briefwechsels ruchbar, der zwischen ihrem Sekretär und einem der wenigen englischen öffentlichen Charaktere, in deren Meinung auch die Ansichten eines Staatsmanns auf Grundsätzen beruhen sollten, stattfand. Lord Stanley's Antheil an diesem Briefwechsel ist geeignet, die Hoffnungen zu stärken, die man da überall auf ihn baut, wo man sich der Seltenheit der Eigenschaften, die er bei dem einen und andern öffentlichen Auftreten bekundete, an den Männern, die im politischen Leben eine Rolle spielen, bewußt ist. Das Organ der „Allianz," das „die Anerkennung irgend eines Grundsatzes, womit man unduldsamen Glaubenseifer und Verfolgungssucht beschönigen könnte, tief beklagen" würde, unternimmt es, die „breite und unüberschreitbare Gränzlinie," die solche Grundsätze von denen der Association scheidet, zu bezeichnen. „Alle Angelegenheiten, die sich auf die Denkart, die Meinungen, das Gewissen beziehen, scheinen mir," wie es sich gelungen ausdrückt, „außerhalb des Kreises der Gesetzgebung zu liegen, alle dagegen, die sich auf gesellschaftliche Handlungen, Gewohnheiten, Verhältnisse beziehen, sofern diese nur einer, dem Staate und nicht dem Einzelnen übertragenen, Hoheitsgewalt unterthan sind, innerhalb jenes Kreises zu liegen." Keine Erwähnung geschieht von einer dritten Klasse, die sich sowohl von der einen als von der andern unterscheidet: von Handlungen und Gewohnheiten nämlich, die sich nicht auf die Gesellschaft, sondern auf den Einzelnen beziehen, obgleich das Trinken gegohrener Getränke sicher in diese Klasse gehört. Gegohrene Getränke verkaufen, ist zwar Handel treiben, und Handel treiben ist eine gesellschaftliche Handlung. Allein der Eingriff, wogegen wir Einsprache thun, beschränkt sich nicht auf die Freiheit des Verkäufers, sondern trifft den Käufer und Verbraucher: sofern ihm der Staat die Befriedigung seines Bedarfs an Wein absichtlich unmöglich macht, könnte er ihm mit demselben Rechte den Genuß desselben geradezu verbieten. Der Sekretär jedoch meint: „Als Staatsbürger nehme ich das Recht der Gesetzgebung in Anspruch, wo immer nur meine gesellschaftlichen Rechte durch die gesellschaftlichen Handlungen eines Anderen verletzt werden." Und nun die Begriffsstimmung dieser „gesellschaftlichen Rechte": „Wenn irgend Etwas meine gesellschaftlichen Rechte verletzt, so ist es sicher der Handel mit starken Getränken. Er zerstört mein Grundrecht der Sicherheit, indem er in der Gesellschaft unaufhörliche Unordnungen bewirkt und erregt. Er verletzt mein Recht der Gleichheit, indem er einen Gewinn aus der Erzeugung eines Elends zieht, zu dessen Erleichterung man mich besteuert. Er behindert mich in meinem Recht, auf freie sittliche und geistige Entwicklung, indem er meinen Weg mit Gefahren umgibt, und eine Gesellschaft schwächt und entsittlicht, auf die mir ein Recht der gegenseitigen Hülfe und des täglichen Verkehrs zusteht." Eine Theorie der „gesellschaftlichen Rechte," wie ihresgleichen in unverblümter Rede wohl noch nie erhört wurde, sofern sie auf nichts Anderes hinauskommt, als daß jedem Einzelnen das unbedingte Recht zusteht, daß jeder andere Einzelne in jeder Beziehung seiner Pflicht auf das Genaueste genügen müsse; daß wer sich darin in der geringsten Kleinigkeit verfehlt, mein gesellschaftliches Recht verletzt, und mich berechtigt, von der Gesetzgebung die Beseitigung des Uebelstandes zu verlangen! Ein so ungeheuerlicher Grundsatz ist ungleich gefährlicher, als irgend ein vereinzelter Eingriff in die Freiheit; es gibt keine Verletzung der Freiheit, die sich nicht dadurch rechtfertigen ließe; er erkennt kein Recht auf irgend eine Freiheit, mit der Ausnahme vielleicht, daß man im Stillen eine Meinung hegen darf — ohne sie jedoch je kund zu geben: denn im Augenblick, wo eine in meinen Augen schädliche Meinung über eines Andern Lippen geht, verletzt sie alle die „gesellschaftlichen Rechte," die mir die Allianz zuerkennt. Nach dieser Lehre gebührt der ganzen Menschheit ein erbangehöriger Theilanspruch an ihre gegenseitige, sittliche, geistige und selbst körperliche Vollkommenheit, den sich ein jeder Theilhaber nach seinem eigenen Maßstab zurechtschneidet.

Ein anderes bedeutsames Beispiel einer unzukömmlichen Einmischung in die rechtmäßige Freiheit des Einzelnen, das uns nicht erst droht, sondern längst siegreich verwirklicht wurde, ist die Gesetzgebung über die Heiligung des Sabbath. Unzweifelhaft ist die Enthaltung für einen Tag in der Woche von den gewöhnlichen Tagesgeschäften, soweit es die Nothwendigkeit des Lebens gestattet, ein sehr wohlthätiger, wenn auch für Niemanden, außer für die Juden, verpflichtender Gebrauch. Und sofern sich dieser Gebrauch nicht beobachten läßt, ohne daß die sämmtlichen gewerbtreibenden Klassen in dieser Beziehung übereinstimmend handelten, so daß nicht ein Theil derselben, sofern er bei der Arbeit bliebe, die Anderen in dieselbe Nothwendigkeit versetzen könnte, mag man es zugestehen und für recht finden, daß das Gesetz einem Jeden für die Beobachtung des Gebrauchs durch alle Anderen Gewähr leiste, indem es den Gewerbebetrieb in der Hauptsache für einen bestimmten Tag untersagt. Allein diese Rechtfertigung, die sich nur auf den unmittelbaren Vortheil gründet, der allen Uebrigen durch die Beobachtung des Gebrauchs Seitens jedes Einzelnen zufällt, findet keine Anwendung auf die gelegentliche Beschäftigung, womit Jemand seine Musestunden ausfüllt, noch hält sie im Geringsten Stich für eine gesetzliche Beschränkung der Vergnügungen. Es ist richtig, das Vergnügen des Einen wird zur Tagesarbeit für Andere; allein die Unterhaltung, um nicht zu sagen nützliche Erholung, der Vielen ist wohl die Arbeit Einiger werth, vorausgesetzt, daß die

Beschäftigung aus freier Wahl entspringt. Gegen die Ansicht der Arbeiter, daß, wenn Alle am Sonntage arbeiteten, die Arbeit von sieben Tagen für den Lohn von sechs Tagen geleistet werden müßte, läßt sich zwar nichts einwenden; solange jedoch die große Masse der Geschäfte unterbrochen bleibt, erwirkt die kleine Zahl, die für den Genuß der Uebrigen weiter arbeiten muß, einen entsprechend höheren Verdienst; will sie die Ruhe dem Geldgewinn vorziehen, so zwingt sie Niemand zu der Beschäftigung. Bedarf es noch eines weiteren Auskunftsmittels, so wäre dies durch den Gebrauch zu erreichen, daß für diese besonderen Klassen von Leuten irgend ein anderer Wochentag als Feiertag eingeführt würde. Eine Beschränkung der Sonntagsvergnügungen ließe sich daher nur vom Standpunkte ihrer religiösen Verwerflichkeit vertheidigen, ein gesetzgeberischer Beweggrund, wogegen man nie nachdrücklich genug Einsprache erheben kann. Deorum injuriae Diis curae. Man müßte erst beweisen, daß der Gesellschaft oder einem der Träger ihres Willens eine himmlische Vollmacht zustehe, ehe man vermeintliche Beleidigungen gegen diese Allmacht, sofern sie nicht zugleich ein Unrecht gegen unsere Mitmenschen begreifen, zur Strafe zieht. Daß es dagegen für den Einen Pflicht sei, daß der Andere religiös sein solle, lag allen jemals begangenen religiösen Verfolgungen zu Grunde, und würde diese auch, wenn man damit übereinstimmte, vollständig rechtfertigen. Wenn auch dem Gefühle, welches sich in den wiederholten Versuchen, die Benutzung der Eisenbahnen an Sonntagen zu hindern, in dem Widerstand gegen die Eröffnung der Museen und dergleichen Luft macht, nicht die Grausamkeit der alten Verfolgungen innewohnt, so ist doch die Denkart, woraus es entspringt, grundsätzlich dieselbe. Es ist das Vorhaben nicht zu dulden, daß Andere Etwas thun, was ihnen ihre Religion gestattet, weil es dem Verfolger seine eigne Religion nicht gestattet. Es ist der Glaube, daß Gott nicht nur die Handlungsweise des Ungläubigen verabscheut, sondern daß er uns mitschuldig spricht, wenn wir diesen gewähren lassen.

Ich kann nicht umhin, neben diesen Beispielen von rücksichtsloser Behandlung der menschlichen Freiheit, der Sprache offenbarer Verfolgungssucht zu gedenken, die in der Presse dieses Landes, so oft sie auf die merkwürdige Erscheinung des Mormonismus zu reden kommt, hervorbricht. Es ließe sich viel sagen über die unerwartete und lehrreiche Thatsache, daß eine vorgebliche neue Offenbarung und eine darauf gegründete Religion, ein Erzeugniß des handgreiflichsten Betrugs und nicht einmal durch den Heiligenschein außerordentlicher Eigenschaften Seitens ihres Stifters unterstützt, von Hunderttausenden geglaubt wird, und in dem Zeitalter der Zeitungen, Eisenbahnen und elektrischen Telegraphen das Bindemittel einer Gesellschaft bildet. Hier kümmert uns jedoch nur die Thatsache, daß diese Religion, wie andere und bessere Religionen, ihre Blutzeugen hat, daß ihr Prophet und Stifter wegen seiner Lehre vom Pöbel umgebracht wurde, daß durch dieselbe gesetzlose Gewalt viele ihrer Anhänger ums Leben kamen, daß diese insgesammt aus dem Lande ihrer Heimath hinausgetrieben wurden, und daß es nunmehr, wo man sie in einen entlegenen Zufluchtsort inmitten einer Einöde gejagt hat, Vielen in diesem Lande für durchaus gerechtfertigt gilt (nur daß es nicht zweckmäßig ist), eine Unternehmung auszusenden, um sie mit Gewalt zu zwingen, nach den Meinungen Anderer ihr Leben zu führen. Dem Widerwillen, der so die gewohnten Zügel religiöser Duldsamkeit durchbricht, liegt hauptsächlich die Vorschrift der Mormonen zu Grund, die die Vielweiberei heiligt; den Muhamedanern und Hindu's und Chinesen wird dieß nachgesehen; gegen Leute, die englisch sprechen und für eine Art von Christen gelten wollen, scheint es jedoch einen unbezähmbaren Haß zu erregen. Niemand kann nun diese Einrichtung der Mormonen entschiedener mißbilligen als ich es thue; aus vielen Gründen, insbesondere aber weil dadurch dem Grundsatz der Freiheit, weit entfernt, daß dieser sie rechtfertige, geradezu Gewalt geschieht: die Ketten der einen Hälfte der Gesellschaft werden dadurch nur fester geschmiedet und die andere jeder Gegenseitigkeit der Verpflichtungen entbunden. Demungeachtet darf man nicht vergessen, daß dieses Verhältniß von Seiten der dabei betheiligten Weiber, die man für Schlachtopfer hält, ganz ebenso freiwillig eingegangen wird, wie in dem Fall irgend einer anderen Form des Ehebündnisses. Und so erstaunlich diese Thatsache scheinen mag, so erklärt sie sich doch vollständig aus den in der Welt herrschenden Begriffen und Gebräuchen, sofern diese alle dem weiblichen Geschlecht die Heirath als das, was vor Allem Noth thut, an's Herz legen, wird es auch begreiflich, daß manches Mädchen lieber Eine unter mehreren Frauen, als gar keine Frau vorstellt. Niemand verlangt, daß man in anderen Ländern solche Verbindungen anerkenne, oder einen Theil der Bewohner, dem Mormonenglauben zu Lieb, von den dort herrschenden Gesetzen entbinde. Wenn aber die Sektirer den feindseligen Gefühlen ihrer Umgebung weit mehr, als gerechterweise zu verlangen ist, nachgeben, wenn sie die Gegenden, wo ihre Lehre keinen Eingang fand, verlassen und ihren Wohnsitz in einem entfernten Winkel der Erde, den sie zuerst für menschliche Wesen bewohnbar machten, aufschlagen, so gibt es auch kein Recht, außer dem der rohen Gewalt, das sie verhindern könnte, ihr Leben dort unter beliebigen Gesetzen hinzubringen, solange sie nicht den Frieden ihrer Nachbarn stören, und einen Jeden, dem ihre Sitten nicht länger zusagen, frei ziehen lassen. Ein neuerer, in manchen Beziehungen sehr verdienstvoller Schriftsteller, bringt (um seine eigenen Worte zu gebrauchen) nicht einen Kreuzzug, aber einen „Gesittungszug" gegen diese vielweiberische Gemeinschaft in Vorschlag, um dem, was ihm ein Rückschritt in der Gesittung scheint, ein Ende zu machen. Letzteres ist auch meine Ansicht, aber ich sehe nicht ein, inwiefern der einen Gemeinschaft ein Recht zustehen sollte, eine andere zur Gesittung zu zwingen. So lange die Schlachtopfer schlechter Gesetze nicht die Hülfe anderer Gemeinschaften anrufen, kann ich auch nicht zugeben, daß irgend Dritte, die ganz außer aller Beziehung dazu leben, dazwischentreten und verlangen dürften, daß man einem Zustande, womit alle unmittelbar dabei Betheiligten vollkommen zufrieden scheinen, ein Ende mache, weil er Menschen, die einige tausend Meilen davon wohnen, und daran in keiner Weise betheiligt sind, schmachvoll erscheint. Mögen sie, wenn sie Lust haben, Reiseprediger dagegen aussenden, und jedes ehrliche Mittel (wozu das Verbot der Lehre nicht gehört) aufbieten, um die Verbreitung ähnlicher Lehren unter ihrem eigenen Volke zu verhindern. Nachdem die Gesittung über die Barbarei, als diese noch die Welt für sich allein hatte, die Oberhand gewonnen hat, geht es doch zu weit, sich auf die Besorgniß zu berufen, daß die Barbarei, die nun gehörig bemeistert ist, wiederaufleben und die Gesittung unterdrücken könnte. Eine Gesittung, die dergestalt einem bereits besiegten Feinde unterläge, müßte wieder so tief entartet sein, daß sich weder unter ihren bestellten Priestern und Lehrern, noch bei irgend sonst Jemand, die Fähigkeit oder die Neigung fände, dafür in die Schranken zu treten. Einer Gesittung, die so tief gesunken ist, gibt man, je eher je besser, ihren Abschied. Sie kann nur immer weiter und weiter herabkommen, bis sie (wie das westliche Römerreich) durch ein kräftiges Barbarengeschlecht zerstört und verjüngt wird.

5. Kapitel.

Anwendungen.

Die im Vorhergehenden ausgesprochenen Grundsätze müssen bereits allgemeiner als Grundlage weiterer Forschungen im Einzelnen anerkannt sein, ehe sich eine durchgreifende Anwendung derselben auf alle verschiedene Gebiete der Staats- und Sittenlehre mit irgend Aussicht auf Erfolg versuchen läßt. Die wenigen Bemerkungen, die ich über Einzelfragen zu machen gedenke, sollen mehr zur Veranschaulichung dienen, als um den Grundsätzen in ihren Folgen nachzugehen. Ich biete nicht sowohl Anwendungen, als Beispiele von Anwendungen; sie sollen dazu dienen, die Bedeutung und die Grenzen der beiden Grundsätze, woraus sich die ganze in dieser Untersuchung enthaltene Lehre zusammensetzt, noch klarer hervortreten zu lassen, und wo es zweifelhaft scheint, welcher von beiden auf den vorliegenden Fall Anwendung findet, ein richtig abwägendes Urtheil erleichtern.

Diese Grundsätze sind, erstlich, daß der Einzelne der Gesellschaft für seine Handlungen nicht verantwortlich ist, sofern diese Niemandes Anliegen außer die seiner eigenen Person berühren.

Guter Rath, Belehrung, Ueberzeugung und Meidung, sofern es Andere für ihr eigenes Wohl für nöthig halten, sind die einzigen Maßregeln, wodurch die Gesellschaft süglicherweise ihren Widerwillen oder ihre Mißbilligung gegen diese Klasse von Handlungen ausdrücken darf. Zweitens, daß für Handlungen, die die Anliegen Dritter nachtheilig berühren, der Einzelne verantwortlich ist, und sei es gesellschaftlichen oder gesetzlichen Strafen unterworfen werden darf, sofern die Gesellschaft der Meinung ist, daß die Einen oder Anderen zu ihrem Schutze erforderlich werden.

Zunächst muß man sich unter keinen Umständen vorstellen, daß ein Nachtheil oder die Wahrscheinlichkeit eines Nachtheils für die Anliegen Anderer, weil sich eine Einmischung der Gesellschaft dadurch allein rechtfertigen läßt, eine solche Einmischung auch immer rechtfertigen müsse. Es gibt viele Fälle, wo ein Einzelner, während er einen ihm zustehenden Zweck verfolgt, nothwendiger und daher auch zukömmlicher Weise Anderen Unannehmlichkeiten oder Verluste verursacht, oder einen Vortheil vereitelt, worauf sie sich vernünftigerweise Hoffnung machen durften. Ein solcher Widerspruch der Einzelinteressen entspringt oft aus verkehrten gesellschaftlichen Einrichtungen, ist aber unvermeidlich, so lange diese Einrichtungen dauern, und mitunter wird er unter irgend welchen Einrichtungen unvermeidlich. Wer immer in einem übersetzten Berufszweig oder als Wettwerber in einer Prüfung Erfolg hat, wer immer in dem Wettkampf um einen beiderseitig gewünschten Gegenstand den Vorzug davon trägt, zieht einen Vortheil aus dem Verluste Anderer, aus ihrer vergeblichen Anstrengung und getäuschten Hoffnung. Für den allgemeinen Vortheil der Menschheit ist es jedoch, wie Jedermann zugibt, besser, daß die Einzelnen, ohne sich durch diese Art von Folgen abschrecken zu lassen, ihre Zwecke verfolgen. Mit anderen Worten: die Gesellschaft anerkennt keinerlei gesetzliches oder sittliches Recht, auf Entschädigung der getäuschten Mitwerber für diese Art von Leiden, und fühlt sich nur dann zur Einmischung berufen, wenn Mittel angewendet wurden, die im Einklang mit dem allgemeinen Vortheil nicht gestattet werden können — nämlich Betrug oder Verrath, und Gewalt.

Ebenso ist der Handel eine gesellschaftliche Handlung. Wer den Verkauf von irgend welcher Art von Gütern unternimmt, berührt damit den Vortheil Anderer und den der Gesammtheit im Allgemeinen; seine Aufführung fällt so dem Grundsatze nach unter die gesellschaftliche Gerichtsbarkeit; folgerichtig galt es daher einst für die Aufgabe der Regierungen, in allen Fällen von vermeintlicher Bedeutung die Preise zu bestimmen und den Gewerben Regeln ihres Verfahrens vorzuschreiben. Gegenwärtig wird jedoch, obgleich erst nach einem harten Kampfe, zugestanden, daß man zugleich für die Wohlfeilheit und gute Beschaffenheit der Waaren am Besten sorgt, wenn man die Verfertiger und Verkäufer vollkommen frei gewähren läßt und ihnen keinen andern Zügel auferlegt, als daß man den Käufern in gleicher Weise die Freiheit, sich bei beliebig wem zu versorgen, einräumt. Das ist die sogenannte Freihandels-Lehre, die zwar nicht auf dem nämlichen, aber doch nicht auf minder festem Grunde beruht, wie der in dieser Untersuchung vertheidigte Grundsatz der persönlichen Freiheit. Beschränkungen des Handels oder der Hervorbringung zu Handelszwecken sind zwar Freiheitsbeschränkungen und schon als solche ein Uebel: allein die fraglichen Beschränkungen berühren nur die Seite der Handlungsweise, zu deren Beschränkung die Gesellschaft befugt ist, und sind nur verkehrt, weil sie den Erfolg, den sie hervorbringen sollen, nicht wirklich hervorbringen. Gleichwie in der Lehre vom Freihandel, ist die Frage der persönlichen Freiheit auch bei den meisten Fragen nicht betheiligt, die sich in Bezug auf die Gränzen dieser Lehre aufthun, z. B. inwiefern eine öffentliche Ueberwachung zur Verhütung betrügerischer Verfälschungen zulässig ist; inwieweit Vorkehrungen zum Schutze der

Gesundheit, oder zur Sicherung der Arbeiter in den gefährlicheren Gewerben, dem Unternehmer zur Zwangspflicht gemacht werden sollten. In diese Fragen greifen Erwägungen über die Freiheit nur insofern ein, als es unter gleichen Umständen stets besser ist, die Menschen frei gewähren zu lassen, als sie zu beschränken; daß man sie dagegen für diese Zwecke füglich beschränken darf, ist grundsätzlich nicht zu leugnen. Bei andern Einmischungen in den Freihandel handelt es sich dagegen ganz wesentlich um Freiheitsfragen; so z. B. bei dem schon erwähnten Gesetz über geistige Getränke im Staate Maine, der Verhinderung der Einfuhr von Opium nach China, der Beschränkung des Verkaufs von Giften: kurz bei allen Fällen, wo die Einmischung den Zweck verfolgt, die Erlangung eines bestimmten Guts zu verhindern oder zu erschweren. Diese Einmischungen sind verwerflich nicht als Eingriffe in die Freiheit des Verfertigers oder Verkäufers, sondern in die des Käufers.

Eines dieser Beispiele, das des Verkaufs von Giften, eröffnet eine neue Frage: über die rechten Gränzen der so zu nennenden polizeilichen Aufgaben — wieweit die Freiheit zum Zweck der Verhütung von Verbrechen oder Unglücksfällen beschränkt werden darf. Unzweifelhaft gehört es unter die Aufgaben der Regierung, Vorsichtsmaßregeln gegen das Verbrechen noch vor seiner Begehung zu ergreifen, und nicht minder, dasselbe nach derselben zu entdecken und zu strafen. Die vorbeugende Thätigkeit der Regierung ist jedoch dem Mißbrauch zum Nachtheile der Freiheit ungleich mehr ausgesetzt, als die Aufgabe der Bestrafung, denn es gibt kaum irgend einen Theil der der Persönlichkeit gebührenden Freiheit, von dem sich nicht behaupten, und mit Grund behaupten ließe, daß er der einen oder andern strafwürdigen Handlung Vorschub leiste. Demungeachtet darf eine öffentliche Behörde, oder selbst eine Privatperson, wo ein Verbrechen unter ihren Augen vorbereitet wird, nicht unthätig zusehen, bis es begangen ist, sie muß es vielmehr zu verhindern suchen. Wenn nun Gifte für keinen andern Zweck je gekauft oder gebraucht würden, als zur Begehung eines Mords, so wäre ein Verbot ihrer Verfertigung und des Verkaufs gerechtfertigt. Man bedarf ihrer jedoch auch zu unschuldigen und nützlichen Zwecken, und die Beschränkung, die für den einen Fall auferlegt wird, muß zugleich auch den anderen berühren. Ebenso fällt es in die Befugnisse der Behörde, gegen Unglücksfälle Vorkehr zu treffen. Wenn ein Beamter oder sonst Jemand einen Menschen im Begriff sähe, eine Brücke zu beschreiten, deren Baufälligkeit erwiesen ist, und keine Zeit bliebe, um ihn von der Gefahr zu warnen, so dürften sie Hand an ihn legen und ihn zurückhalten, ohne einen wirklichen Eingriff in seine Freiheit; denn die Freiheit besteht darin, zu thun, was man wünscht, und er wünscht nicht in den Fluß zu fallen. Wo jedoch keine Gewißheit, sondern nur die Gefahr eines Unfalls vorliegt, vermag über das Zureichende der Beweggründe, warum sich Jemand einer Gefahr aussetzen will, Niemand abzuurtheilen als er selbst; in diesem Fall scheint es mir daher nur gerechtfertigt, daß man ihn (wenn er nicht ein Kind ist, oder im Wahnsinn, oder in einem Zustand der Aufregung oder Geistesabwesenheit handelt, der sich nicht mit dem freien Gebrauch der Urtheilskraft verträgt), vor der Gefahr warne, nicht aber gewaltsam von dem Wagniß zurückhalte. Nach ähnlichen Erwägungen, wenn man sie auf die Frage des Gifteverkaufs anwendet, läßt sich beurtheilen, inwiefern die verschiedenen Arten seiner Regelung dem Grundsatze mehr oder weniger entsprechen. Eine Vorsichtsmaßregel zum Beispiel, daß man den Giftstoff mit einem in die Augen fallenden Wort, das seinen gefährlichen Charakter ausdrückt, bezeichne, läßt sich ohne Verletzung der Freiheit erzwingen: der Käufer kann nicht wünschen, mit den giftigen Eigenschaften des Gegenstandes unbekannt zu bleiben. Wollte man dagegen in allen Fällen das Zeugniß eines Arztes verlangen, so würde die Erlangung der Waare auch für ganz unbedenkliche Zwecke, mitunter unmöglich, stets kostspielig werden. Um die Begehung von Verbrechen durch dieses Mittel zu erschweren, scheint mir der einzig richtige Weg, sofern man jede nennenswerthe Beeinträchtigung der Freiheit derer, die den Giftstoff für andere Zwecke verlangen, vermeiden will, daß man sich der — wie es Bentham passend bezeichnet — vorausbestimmten Beweismittel (preappointed evidence) bediene. Jeder weiß, was diese Art von Vorkehr bei Verträgen bedeutet. Es ist gebräuchlich und Recht, daß das Gesetz, so oft ein Vertrag eingegangen wird, als Bedingung seiner Erzwingbarkeit, gewisse Förmlichkeiten vorschreibt, wie die Unterschrift, die Beurkundung durch Zeugen und dergleichen, damit im Falle künftiger Streitigkeiten Beweismittel vorhanden sind, daß der Vertrag wirklich eingegangen wurde, und in den Umständen nichts vorhanden war, was ihn gesetzlich ungültig machen könnte. Es hat dieß zur Wirkung, daß dem Eingehen von Scheinverträgen oder von Verträgen unter Umständen, die, wenn bekannt, ihre gesetzliche Gültigkeit aufheben würden, große Schwierigkeiten in den Weg gelegt werden. Aehnliche Vorsichts= maßregeln ließen sich bei dem Verkauf von Dingen erzwingen, die möglicherweise als Werkzeug zu einem Verbrechen dienen können. Es ließe sich beispielsweise von dem Verkäufer verlangen, daß er in ein Urkundenbuch die Zeit des Geschäfts, den Namen und Aufenthalt des Käufers, die verkaufte Art und Menge genau ein= trage, den Zweck der Verwendung erfrage, und die erhaltene Antwort aufzeichne. Wo keine ärztliche Vorschrift vorliegt, könnte man auf der Gegenwart eines Dritten bestehen, um die Thatsache dem Käufer nachzuweisen, sofern sich später Verdachtgründe ergäben, daß der Gegenstand für verbrecherische Zwecke verwendet wurde. Solche Vorschriften würden der Erlangung des Gegenstands im Allgemeinen kein wesentliches Hinderniß in den Weg legen, dagegen ein sehr beträchtliches, daß man ihn nicht unentdeckt mißbrauche.

Das der Gesellschaft beiwohnende Recht, Verbrechen gegen

sich selbst durch vorbeugende Maßregeln abzuwenden, führt auf die naheliegenden Beschränkungen des Grundsatzes, wonach eine vorbeugende oder strafende Einmischung in eine schlechte Aufführung, sofern diese zunächst nur auf den Urheber zurückfällt, nicht gestattet sein sollte. Trunkenheit z. B. ist allerdings in gewöhnlichen Fällen kein geeigneter Gegenstand für eine gesetzliche Einmischung; ich würde es jedoch für durchaus gerechtfertigt halten, wenn man eine Person, sofern sie einmal einer gewaltthätigen Handlung gegen Andere unter dem Einfluß starker Getränke überführt wurde, unter ein sie persönlich treffendes Ausnahmgesetz stellte, wonach sie durch jeden künftig nachgewiesenen Fall von Trunkenheit strafbar, und falls sie sich in diesem Zustande wiederum eines Vergehens schuldig machte, mit mehr als üblicher Strenge dafür bestraft würde. Das sich Betrinken einer Person, die durch die Trunkenheit zu Gewaltthätigkeiten gereizt wird, ist ein Verbrechen gegen Andere. So kann auch die Arbeitsscheu, ausgenommen wenn Jemand eine öffentliche Unterstützung erhält, oder sich eines Vertragsbruchs dadurch schuldig macht, nur durch Gewaltmißbrauch Veranlassung zu einer gesetzlichen Bestrafung geben; wenn Jemand aber aus Arbeitsscheu oder anderen vermeidlichen Ursachen seine gesetzlichen Verpflichtungen gegen Andere versäumt, wie zum Beispiel die Erhaltung seiner Kinder, so ist es kein Gewaltmißbrauch, wenn man ihn, in Ermanglung anderer Mittel, durch erzwungene Arbeit zur Erfüllung seiner Pflicht nöthigt.

So gibt es auch viele Handlungen, die, sofern sie unmittelbar nur ihrem Urheber Nachtheil bringen, gesetzlich nicht untersagt werden sollten, dagegen, wenn sie öffentlich begangen werden, jedes sittliche Gefühl verletzen, und damit in die Klasse der Vergehen gegen Andere fallen und mit Recht untersagt werden können. Dieser Art sind die Beleidigungen gegen das Schamgefühl; wir brauchen dabei nicht zu verweilen, da sie nur mittelbar mit unserem Gegenstand zusammenhängen und der Ausnahmsgrund der Oeffentlichkeit bei vielen anderen Handlungen, die an sich selbst unverwerflich sind, und auch dafür gelten, ganz ebenso schwer wiegt.

Eine andere Frage wirft sich auf, die nicht minder im Einklang mit den hier niedergelegten Grundsätzen einer Beantwortung bedarf. Nehmen wir den Fall einer Handlungsweise, die die Gesellschaft für verwerflich hält, jedoch aus Achtung vor der Freiheit weder verhindert, noch bestraft, weil die schlimmen Folgen unmittelbar nur auf den Urheber zurückfallen: sollen zu ihrer Begehung, weil sie dem Urheber freisteht, auch Andere ebenso frei anrathen und anstiften dürfen? Die Frage ist nicht ohne Schwierigkeiten. Der Fall einer Person, die eine andere zu einer Handlung aufreizt, fällt nicht genau in die Klasse der nur das eigne Selbst angehenden Handlungen. Jemanden Rath geben oder ihn zu Etwas verlocken, ist eine gesellschaftliche Handlung, und scheint daher, wie die andern betreffenden Handlungen überhaupt, der gesellschaftlichen Ueberwachung anheimzufallen. Ein geringes Nachdenken berichtigt jedoch diesen ersten Eindruck und zeigt, daß der Fall, wenn er nicht genau unter den Begriff der persönlichen Freiheit fällt, doch nach denselben Gründen, worauf der Grundsatz der persönlichen Freiheit ruht, zu beurtheilen ist. Wenn es den Einzelnen gestattet sein muß, in allen Angelegenheiten, die nur sie selbst angehen, auf eigene Gefahr so zu handeln, wie es ihnen gut dünkt, so muß es ihnen nicht minder frei stehen, darüber zu berathen, was und wie sie es thun sollen, Meinungen auszutauschen und sich gegenseitig ihre Ansichten mitzutheilen. Was zu thun erlaubt ist, muß auch zu rathen erlaubt sein. Die Frage wird nur zweifelhaft, wenn der Anstifter einen persönlichen Gewinn aus seinem Rath zieht; wenn er seinen Beruf daraus macht, seines Unterhalts oder Gewinns willen Dinge zu befördern, die die Gesellschaft und der Staat für ein Uebel erachten. Dann freilich verwickelt sich die Frage durch eine neue Voraussetzung, nämlich durch das Dasein von Klassen, deren Vortheil

der allgemeinen Ansicht über das öffentliche Wohl widerspricht,
und die aus der Zuwiderhandlung ihren Beruf machen. Soll hier
eine Einmischung stattfinden oder nicht? Unzucht zum Beispiel
oder Glücksspiele müssen geduldet werden; darf es aber gestattet
sein, daß Einer den Wirth eines schlechten Hauses oder den Unter=
nehmer einer Spielhölle macht? Es ist dieß einer der Fälle,
der genau auf der Gränzlinie zwischen zwei Grundsätzen liegt,
und auf welche Seite er eigentlich gehört, läßt sich auf den ersten
Anblick nicht unterscheiden. Für beide Seiten lassen sich Gründe
anführen. Für das Gewährenlassen läßt sich geltend machen, daß
durch die Thatsache allein, daß man Etwas berufsmäßig treibe,
und davon lebe und einen Gewinn ziehe, nicht strafbar werden
könne, was sonst zulässig sein würde; die Handlung müsse ent=
weder ausnahmslos verboten oder ausnahmslos erlaubt werden;
wenn die Grundsätze, die wir bisher vertheidigten, wahr seien,
so könne es nicht die Sache der Gesellschaft, als Gesellschaft
sein, über die Zulässigkeit einer Handlungsweise zu entscheiden,
die allein den Einzelnen berühre: ihr komme es nur zu, abzu=
rathen, und dem Einen müsse es so gut gestattet sein, zuzurathen,
wie dem Andern abzurathen. Im Widerspruch damit läßt sich
behaupten, die Gesellschaft oder der Staat sei zwar nicht berech=
tigt zum Zwecke der Verhütung oder Bestrafung vorzuschreiben,
daß diese oder jene Handlungsweise, sofern sie allein den Vortheil
des Einzelnen berührt, gut oder böse sei, dagegen aber, sofern sie
dieselbe für böse erachte, vollständig zur Annahme berechtigt, daß
die Ansicht über den Charakter dieser Handlung eine offene Frage
sei. Dieß vorausgesetzt, scheine es nicht ungerechtfertigt, den
Einfluß von Vorstellungen und Anstiftern auszuschließen, die mit
augenscheinlicher Parteilichkeit nur den eigenen Vortheil im Auge
haben, und deren einseitiger Vortheil gerade auf der Seite liegt,
die der Staat für die unrechte hält. Es könne sicher, läßt sich
geltend machen, nichts verloren, nichts Gutes dabei zu Grunde

gehen, wenn man die Dinge so einrichte, daß ein Jeder nach seiner eigenen, ob verständigen oder thörichten Eingebung zu wählen vermöge, und von den Künsten solcher Personen möglichst unberührt bleibe, die auf seine Neigungen ihrem eigenen selbstsüchtigen Vortheil entsprechend zu wirken suchten. Zugegeben daher (könnte man sagen), daß die Verordnungen über ungesetzliche Glücksspiele durchaus verwerflich sind — daß das Glücksspiel Jedem frei stehen sollte, sei es in seinem eigenen oder einem befreundeten Hause, oder an irgend einem auf gemeinschaftliche Kosten hergerichteten und nur den Mitgliedern und Besuchern zugänglichen Orte — so sollten doch öffentliche Spielhäuser nicht gestattet sein. Zwar sei das Verbot wenig wirksam, und würden sich auch, wo man der polizeilichen Willkühr den weitesten Spielraum einräumte, die Spielhöllen doch unter beliebigen Vorwänden erhalten; allein man könne sie doch zwingen, ihr Geschäft einigermaßen im Verborgenen und Geheimen zu treiben, so daß Niemand etwas davon erfahre, außer wer sie geflissentlich aufsuche: und damit müsse sich die Gesellschaft begnügen. Es liegt viel Gewicht in diesen Beweisgründen; ob sie ausreichen, um den sittlichen Widerspruch zu rechtfertigen, daß man den Gehülfen bestraft, während der Hauptthäter frei ausgeht, und ausgehen muß, daß man den Gelegenheitsmacher oder Besitzer einer Spielhölle um Geld büßt oder einsteckt, und nicht den Hurer und Spieler, wage ich nicht zu unterscheiden. Keinenfalls sollte man aber auf ähnliche Gründe hin die gewöhnlichsten Geschäfte des Kaufens und Verkaufens beschränken. Fast ein jeder käufliche und verkäufliche Gegenstand läßt einen Gebrauch im Uebermaße zu, und die Verkäufer treibt ihr Geldvortheil, dieß Uebermaß zu begünstigen; darauf aber läßt sich beispielsweise kein Beweis zu Gunsten des Maine-Gesetzes gründen, weil die Klasse, die mit starken Getränken handelt, obgleich an ihrem Mißbrauch betheiligt, doch auch zur Erleichterung ihres richtigen Gebrauchs unentbehrlich ist. Der Vortheil dieser Händler jedoch an der Beförderung der

Unmäßigkeit ist ein wirklicher Uebelstand, und rechtfertigt den Staat, wenn er Beschränkungen auferlegt und Bürgschaften verlangt, die ohne diese Rechtfertigung als ungerechte Eingriffe in die Freiheit gelten müßten.

Eine weitere Frage ist, ob der Staat eine Handlungsweise, während er sie erlaubt, doch nicht zugleich mittelbar verleiden sollte, sofern sie nach seiner Ansicht mit dem wahren Vortheil des Thäters im Widerspruch steht; ob er z. B. Maßregeln ergreifen sollte, um die Mittel der Trunkenheit kostspieliger oder — indem er die Zahl der Verkaufsplätze beschränkt, schwerer zugänglich zu machen. Bei der Beantwortung dieser, wie fast aller praktischen Fragen, ist mehr als einem maßgebenden Umstande Rechnung zu tragen. Geistige Getränke zu besteuern, allein zu dem Zweck, um ihre Erlangung zu erschweren, ist eine Maßregel, die sich von einem vollständigen Verbote nur dem Grade nach unterscheidet, und wäre gerechtfertigt, nur wenn dieses sich rechtfertigen ließe. Jede Vermehrung der Kosten kommt für Alle, die den erhöhten Preis nicht zu erschwingen vermögen, einem Verbote, und für Diejenigen, die dazu im Stande sind, einer für die Befriedigung einer bestimmten Neigung auferlegten Strafe gleich. Die Wahl der Vergnügungen jedoch und die Art, das Einkommen auszugeben, nachdem ihre gesetzlichen und moralischen Verpflichtungen gegen den Staat und Einzelne befriedigt sind, ist eine Sache, die nur die Persönlichkeit angeht und ihrem eigenen Urtheile überlassen bleiben muß. Auf den ersten Anblick scheinen diese Erwägungen die Auswahl der starken Getränke als geeignete Gegenstände der Besteuerung zu Zwecken des Staatseinkommens zu verurtheilen. Es ist jedoch zu bedenken, daß Besteuerung für Finanzzwecke unter allen Umständen unvermeidlich ist, daß in den meisten Ländern keine Wahl bleibt, als einen beträchtlichen Theil des öffentlichen Einkommens aus indirecten Steuern zu ziehen; daß der Staat daher diese Art von Strafgeld für den Genuß mancher Ver=

brauchsgegenstände, die unter Umständen einem Verbote gleichkommt, gar nicht zu umgehen vermag. Darum ist der Staat auch verpflichtet, bei der Auferlegung seiner Steuern zu erwägen, welche Güterarten die Verbraucher am Ersten entbehren können; und a fortiori diejenigen vorzugsweise zu wählen, deren Gebrauch, über eine bestimmte mäßige Menge hinaus, er für unbedingt schädlich erachtet. Eine Besteuerung von geistigen Getränken daher bis an die Grenze, wo der Gesammtertrag nicht mehr zunimmt (unter der Voraussetzung, daß der Staat soviel bedarf) ist nicht allein zulässig, sondern löblich.

Die Frage, ob man den Verkauf dieser Verbrauchsgegenstände zu einem mehr oder minder ausschließlichen Vorrecht machen soll, ist verschieden zu beantworten, je nach den Zwecken, denen eine solche Beschränkung dienen soll. Alle öffentliche Vergnügungsorte verlangen eine polizeiliche Ueberwachung, und Wirthshäuser insbesondere, sofern sie sehr häufig zu Vergehen gegen die Gesellschaft Gelegenheit geben. Es ist daher angemessen, die Befugniß, diese Gegenstände (wenigstens zum Verbrauch an Ort und Stelle) zu verkaufen, auf Personen von bekannter und verbürgter Unbescholtenheit zu beschränken, Vorschriften zu erlassen über die Stunden des Oeffnens und Schließens, wie es die Ueberwachung verlangt, und die Erlaubniß zurückzuziehen, wenn der öffentliche Friede durch Unfähigkeit oder Mitschuld des Wirths öfters gestört oder sein Haus zu einem Ort wird, wo man sich zu verbrecherischen Verabredungen und Veranschlagungen zusammenfindet. Irgend eine weitere Beschränkung halte ich grundsätzlich für nicht gerechtfertigt. Die Beschränkung der Zahl der Bier= und Branntweinschenken zum Beispiel, mit dem ausdrücklichen Zweck, ihren Besuch zu erschweren, und die Gelegenheit zur Versuchung zu vermindern, unterwirft nicht nur Alle einer Unbequemlichkeit, weil Einige die Gelegenheit mißbrauchen würden, sondern entspricht auch nur einem gesellschaftlichen Zustand, wo man die arbeitenden Klassen wie die Kinder ober Wilden behandelt, und um sie für eine künftige Zulassung zu den Vorrechten der Freiheit zu erziehen, einer kleinlichen Bevormundung unterwirft. In einem freien Lande wird man nie vorgeben, daß man die arbeitenden Klassen nach diesem Grundsatz regiere, und Keiner, der auf die Freiheit den gebührenden Werth legt, wird je zustimmen, daß man sie so regiere, ehe sich nicht alle Bemühungen, sie wirklich für die Freiheit zu erziehen, und als Freie zu regieren, vergeblich zeigten, und genügende Beweise vorliegen, daß sie sich nur wie die Kinder regieren lassen. Schon die bloße Hindeutung auf diese Voraussetzung zeigt die Thorheit der Annahme, als ob man diese Probe in einer Weise, die hier Erwähnung verdiente, je ernstlich angestellt hätte. Nur weil die Einrichtungen unseres Landes aus einer Masse von Widersprüchen bestehen, finden Dinge in unser Leben Eingang, die einer Gewaltherrschaft, oder wie man es nennt, patriarchalischer Regierungsform angehören, während sonst die allgemeine Freisinnigkeit unserer Einrichtungen jede Ueberwachung, die wirklich als der Versuch zu einer moralischen Erziehung gelten könnte, ausschließt.

Die Freiheit der Persönlichkeit — wurde in einem früheren Theile dieser Untersuchung angedeutet — in Dingen, die dieselbe allein angehen, begreift eine entsprechende Freiheit für jede Anzahl von Einzelnen, Dinge, die sie insgesammt, und Niemand sonst angehen, durch gegenseitige Uebereinkunft zu regeln. Diese Frage bietet keine Schwierigkeiten, solange der Wille aller dabei betheiligten Personen unverändert bleibt; sofern sich jedoch dieser Wille ändern kann, so wird es selbst in Dingen, die sie allein angehen, oft nothwendig, daß sie sich gegenseitig durch Verträge verpflichten; und wo dies geschieht, müssen, als allgemeine Regel, diese Verträge auch gehalten werden. Dennoch kennt das Gesetz, wohl eines jeden Landes, einige Ausnahmen von dieser allgemeinen Regel. Nicht nur gelten Verträge nicht für verbindlich, wodurch die Rechte Dritter verletzt werden, sondern es gilt mitunter schon für einen genügenden Grund, um Jemanden eines Vertrags zu entbinden, daß er für ihn selbst nachtheilig ist. In diesem und fast jedem gesitteten Lande gilt beispielsweise der Vertrag, wodurch sich Jemand als Sklave verkaufen oder dazu seine Zustimmung geben würde, für null und nichtig; weder das Gesetz, noch die öffentliche Meinung steht dafür ein. Der Grund einer derartigen Beschränkung in der freien Verfügung über das eigene Schicksal liegt nahe und erhellt ganz klar in diesem äußersten Falle. Sofern nämlich eine Einmischung in die freiwilligen Handlungen eines Anderen, ausgenommen zum Vortheil Dritter, unzulässig ist, so ist sie es aus Rücksicht auf seine Freiheit. Seine freie Wahl beweist, daß ihm, was er erwählt, wünschenswerth oder wenigstens erträglich erscheint, und sein Wohl wird im Ganzen am Besten verbürgt, indem man ihn nach seinem eigenen Gutdünken dafür sorgen läßt. Verkauft er sich jedoch als Sklave, so verzichtet er auf seine Freiheit: er entäußert sich, außer dieser einen Handlung, jedes künftigen Gebrauchs derselben. Er vereitelt daher in seinem eigenen Fall gerade den Zweck, der das Zugeständniß, daß er frei über sich verfüge, rechtfertigt. Er ist nicht länger frei, vielmehr von nun an in einer Lage, wo die Vermuthung nicht mehr Platz greift, die ihm, wenn er freiwillig darin verharrte, zur Seite stände. Der Grundsatz der Freiheit kann nicht verlangen, daß er frei sein sollte, nicht frei zu sein. Es ist nicht Freiheit, daß man sich seiner Freiheit entäußern darf. Diese Gründe, deren Gewicht in diesem besondern Fall in die Augen springt, sind offenbar von viel weiterer Tragweite; doch finden sie überall ihre Grenze an den Anforderungen des Lebens, die fortwährend verlangen, nicht zwar daß wir unsere Freiheit aufgeben, aber doch, daß wir zu dieser und jener Beschränkung unsere Zustimmung ertheilen. Der Grundsatz jedoch, der in Allem, was den Urheber allein angeht, eine unbeschränkte Freiheit des Handelns verlangt, erheischt nicht minder, daß eine Uebereinkunft, die nur die Betheiligten angeht, auch von diesen jederzeit wieder gelöst werden kann; und auch abgesehen von einer solchen freiwilligen Aufhebung, gibt es wohl keine Verträge und Verpflichtungen, ausgenommen die über Geld und Geldeswerth, wovon sich behaupten ließe, daß in Bezug auf sie die Freiheit des Zurücktretens nicht statthaft sei. Wilhelm von Humboldt, in seinem schon erwähnten ausgezeichneten Versuche, bekennt sich zu der Ueberzeugung, daß Verträge, die persönliche Beziehungen oder Dienste betreffen, über eine gewisse Zeitdauer hinaus nie gesetzlich bindend sein sollten; und daß wegen der Eigenthümlichkeit des wichtigsten unter diesen Verträgen, der Ehe, zu ihrer Auflösung schon der erklärte Wille der einen oder andern Partei genügen sollte, indem ihr Zweck vereitelt wird, wenn die Gefühle beider Theile nicht länger im Einklang stehen. Der Gegenstand ist zu wichtig und verwickelt, um ihn hier beiläufig abzuhandeln, und ich berühre ihn nur, soweit es für den Zweck der Veranschaulichung erforderlich ist. Wenn sich W. v. Humboldt nach der knappen Form und Allgemeinheit seiner Abhandlung nicht im vorliegenden Fall darauf beschränken mußte, die Folgerung auszusprechen, ohne sich weiter auf ihre Voraussetzungen einzulassen, so würde er unzweifelhaft darauf gekommen sein, daß die Frage auf die einfachen Gründe hin, worauf er sich beschränkt, nicht entschieden werden kann. Wenn Jemand durch ein ausdrückliches Versprechen oder die Art seines Verfahrens einem Andern Grund zu der Vermuthung gibt, daß er fortfahren werde, in einer bestimmten Weise zu handeln — wenn er ihn veranlaßt hat, auf diese Annahme Erwartungen und Berechnungen zu bauen, seinen Lebensplan mit darauf zu gründen, so erwächst daraus für ihn eine neue Reihe sittlicher Verpflichtungen, die möglicherweise überstimmt, aber nicht übersehen werden dürfen. Aehnlich verhält es sich, wo die Beziehung zwischen den vertragsabschließenden Parteien für Andere von Folgen war, wenn dadurch Dritte in eine besondere Lage geriethen, oder wie in dem Fall der Ehe, sogar Dritte ins Leben gerufen wurden: auch in diesem Fall entstehen für beide Parteien Verpflichtungen gegen diese Dritten, deren Erfüllung, oder jedenfalls die Art deren Erfüllung durch die Fortdauer oder den Abbruch der Beziehungen zwischen den ursprünglich am Vertrage Betheiligten wesentlich berührt werden muß. Es folgt daraus nicht, und ich gebe auch nicht zu, daß diese Verpflichtungen soweit gehen, daß die Betheiligten trotz ihres Widerwillens, koste es, was es wolle, an dem Vertrage festzuhalten hätten; allein sie dürfen bei der Entscheidung der Frage nicht umgangen werden; uud selbst wenn sie, wie v. Humboldt behauptet, in der gesetzlichen Freiheit der Parteien, sich ihren Verpflichtungen zu entbinden keinen Unterschied machen sollten (und einen großen Unterschied sollten sie auch nach meiner Ueberzeugung nicht machen), so machen sie doch einen großen Unterschied in der sittlichen Freiheit. Alle diese Umstände müssen in Betracht gezogen werden, ehe man sich zu einem Schritt entschließt, wodurch so wichtige Interessen Anderer berührt werden können; und gesteht man diesen Interessen nicht ihr gebührendes Gewicht zu, so ist man für alles daraus entstehende Uebel sittlich verantwortlich. Ich mache diese einleuchtenden Bemerkungen nur, um den allgemeinen Grundsatz der Freiheit besser zu veranschaulichen, und nicht weil sie zur Entscheidung der vorliegenden Frage irgend Noth thäten, da man diese im Gegentheil in der Regel bespricht, als ob auf den Vortheil der Kinder Alles, und auf den der Erwachsenen gar nichts ankäme.

Schon oben wurde bemerkt, daß, in Folge des Mangels irgend allgemein anerkannter Grundsätze, die Freiheit ebenso oft gestattet wird, wo man sie versagen sollte, als versagt wird, wo man sie gestatten sollte; und einer der Fälle, wo in der heutigen europäischen Welt das Gefühl der Freiheit sich am Lebhaftesten geltend macht, ist gerade der, wo es nach meiner Ansicht ganz und gar an der unrechten Stelle ist. Einem Jeden sollte es frei stehen, in seinen eigenen Angelegenheiten zu handeln, wie es ihm gut dünkt; es sollte ihm aber nicht freistehen, nach Gutdünken zu handeln, wo er für Andere handelt, unter dem Vorwande, daß die Angelegenheiten des Andern seine eigenen sind. Während der Staat die Freiheit eines Jeden in dem, was ihn am Nächsten angeht, heilig halten sollte, ist er doch zur schärfsten Wachsamkeit über die Ausübung der Macht gehalten, die er uns über Andere gestattet. In Bezug auf die Verhältnisse der Familie, ein Fall, der in seinem unmittelbaren Einfluß auf das menschliche Wohl fast wichtiger ist als alle anderen zusammengenommen, wird diese Verpflichtung fast ganz außer Acht gelassen. Die fast unumschränkte Gewalt der Männer über ihre Frauen bedarf hier keiner weiteren Erörterung, da es zur vollständigen Beseitigung dieses Uebels nichts weiter bedarf, als daß den Frauen dieselbe Rechte und derselbe gesetzliche Schutz zu Theil werde, wie allen anderen Personen; und weil sich in dieser Frage die Vertheidiger der hergebrachten Ungerechtigkeit nicht auf die Freiheit berufen, sondern ganz offen für die Gewalt Partei ergreifen. Dagegen sind es, wo es sich um das Verhältniß der Kinder handelt, in der That mißverstandene Begriffe von Freiheit, die der Erfüllung der Staatspflichten im Wege stehen. Man sollte wirklich glauben, daß eines Mannes Kinder im wirklichen und nicht im bildlichen Sinn ein Theil seines Selbst sind, so eifersüchtig wacht die öffentliche Meinung über die geringste Einmischung des Gesetzes in seine schrankenlose und ausschließliche Verfügung über dieselben — eifersüchtiger als fast über irgend eine Einmischung in seine eigene Freiheit: soviel weniger liegt der Mehrzahl der Menschen die Freiheit als die Gewalt am Herzen. Nehmen wir zum Beispiel die Frage der Erziehung. Ist es nicht fast ein selbsteinleuchtender Grundsatz, daß der Staat ein gewisses Maß der Erziehung von jedem menschlichen Wesen, das als seine Bürger geboren wird, verlangen und erzwingen sollte? Wer ist aber, der sich nicht scheute, dieser Wahrheit ins Gesicht zu sehen und sie geltend zu machen? Kaum irgend Jemand wird zwar leugnen, daß es eine der heiligsten Pflichten der Eltern ist (oder nach den bestehenden Gesetzen und Gebräuchen, des Vaters), dem Wesen, das sie ins Dasein gerufen haben, eine Erziehung zu geben, die ihm seine Lebensaufgabe gegen sich und Andere tüchtig zu erfüllen gestattet. Während aber Jeder zugesteht, daß dies für den Vater Pflicht ist, will, in diesem Lande, kaum irgend Einer davon hören, daß man ihn zu ihrer Erfüllung nöthige. Statt daß man besondere Anstrengungen oder Opfer von ihm verlangte, um seinem Kind eine Erziehung zu sichern, überläßt man es seiner Wahl, ob er diese, wenn sie ihm umsonst geliefert wird, auch nur annehmen will. Noch mangelt die Anerkennung, daß die Erzeugung eines Kindes, ohne eine genügende Aussicht, ihm nicht allein für seinen Körper die nöthige Nahrung, sondern auch für seine Seele die nöthige Erziehung und Zucht zu beschaffen, ein sittliches Verbrechen ist zugleich gegen den unglücklichen Sprößling und gegen die Gesellschaft; und daß, sofern der Erzeuger diese Pflicht nicht erfüllt, der Staat für ihre Erfüllung, soweit als möglich, auf Kosten des Erzeugers Sorge tragen sollte.

Mit der Anerkennung der Pflicht, eine allgemeine Erziehung zu erzwingen, wäre auch die Schwierigkeit gelöst, was der Staat lehren sollte und wie er es lehren sollte, die gegenwärtig aus dieser Frage ein Schlachtfeld für Sekten und Parteien macht, und die Zeit und Arbeit, die man auf das Erziehen verwenden sollte, in Streitereien über die Erziehung verloren gehen läßt. Wenn sich die Regierung dazu entschließen wollte, für jedes Kind eine gute Erziehung zu verlangen, so könnte sie sich die Mühe sparen, für eine zu sorgen. Sie könnte es den Eltern überlassen, die Erziehung zu beschaffen, woher und wie es ihnen gefiele, und sich begnügen, zu dem Schulgelde der ärmeren Klasse von Kindern beizutragen und, sofern diese Niemanden haben, der für sie zahlte, die gesammten Schulkosten zu bestreiten. Die Einwände, die man mit Recht gegen eine Erziehung durch den Staat vorbringt, finden keine Anwendung auf den Zwang zur Erziehung durch den Staat, sondern nur auf die Leitung dieser Erziehung durch den Staat: was etwas ganz Anderes bedeutet. Daß die ganze oder ein bedeutender Theil der Erziehung des Volks in der Hand des Staats liegen sollte, verwerfe ich so entschieden wie irgend Jemand. Alles was über die Bedeutung einer freien Entwickelung der Persönlichkeit, und einer verschiedenartigen Ausbildung der Charaktere, der Meinungen und Handlungsweise erwähnt wurde, begreift, als von nicht minder unnennbarer Bedeutung, die Verschiedenheit in der Erziehung. Eine allgemeine Staatserziehung ist nichts weiter, als ein Verfahren, um alle Menschen genau nach demselben Muster zu bilden, und da das Muster, wonach sie der Staat formt, den Neigungen der im Staate vorherrschenden Gewalt entspricht, sei dies nun ein Alleinherrscher, eine Priesterschaft, eine Aristokratie, oder die Mehrheit des lebenden Geschlechts, so erwächst daraus, im Verhältniß als der Zweck erreicht wird, eine Gewaltherrschaft über die Seele, die ganz naturgemäß zu einer über den Körper führt. Eine durch den Staat eingerichtete und überwachte Erziehung sollte, wenn überhaupt, so nur als einer unter vielen wetteifernden Versuchen bestehen, um anderen ein Beispiel und einen Antrieb zu geben, damit sich ihre Leistungen auf einer gewissen Höhe hielten. Doch kann diese Regel nicht gelten, wo die Gesellschaft noch so weit zurück ist, daß sie aus eigenem Antrieb für keine irgend zulängliche Erziehungsanstalten sorgte, wenn sich die Regierung nicht mit der Aufgabe befaßte. Dann allerdings mag die Regierung, als das geringere von zwei Uebeln, die Besorgung des Schul- und Universitätswesens auf sich nehmen, wie in einem ähnlichen Fall das der großen Actiengesellschaften, sofern sich die Art von Unternehmungsgeist, deren es zur Ausführung großer, gewerblicher Unternehmungen bedarf, unter den

Bürgern des Landes nicht vorfindet. Im Allgemeinen jedoch werden, wenn das Land eine hinreichende Zahl von befähigten Personen enthält, um unter der Leitung der Regierung für die Erziehung zu sorgen, dieselben Personen zu einer ebenso guten Erziehung, nach dem Grundsatze der Freiwilligkeit nicht minder befähigt und willig sein, sofern ihnen nur ein Gesetz, das die Erziehung zur Zwangspflicht macht, verbunden mit der Staats=hülfe für Die, die die Kosten nicht zu bestreiten vermögen, eine hinreichende Belohnung verbürgt.

Das Mittel, um dem Gesetz Geltung zu verschaffen, könnte kein anderes sein, als öffentliche Prüfungen, die sich auf alle Kinder erstreckten und in einem frühen Alter ihren Anfang näh=men. Es ließe sich ein Alter feststellen, wo jedes Kind geprüft werden muß, ob es lesen kann. Zeigte es sich dessen unkundig, so könnte man den Vater, wenn er keine triftige Entschuldigung beibringt, mit einer mäßigen Geldstrafe belegen, die er, wenn nöthig, abzuarbeiten hätte, und das Kind würde dann auf seine Kosten in die Schule geschickt. Einmal in jedem Jahre würde die Prüfung wiederholt und der Kreis ihrer Gegenstände allmählig ausgedehnt, so daß der allgemeine Erwerb, und was mehr bedeutet, Besitz von Kenntnissen bis zu einer gewissen untersten Grenze, thatsächlich zur Zwangssache würde. Ueber diese Grenze hinaus sollten freiwillige Prüfungen über jede Art von Gegenständen stattfinden, worüber ein Jeder, der gewissen Anforderungen ent=spräche, ein Zeugniß verlangen könnte. Um zu verhindern, daß der Staat durch diese Einrichtungen einen ungehörigen Einfluß auf die Bildung der Meinungen ausübte, mußte sich das in den Prüfungen verlangte Wissen (außer soweit es, wie die Kenntniß der Sprachen und ihres Gebrauchs, nur Werkzeug ist), selbst in den höheren Prüfungsklassen, ausschließlich auf die Bekanntschaft mit Thatsachen und den positiven Wissenszweigen beschränken. Die Prüfungen über religiöse, politische oder andere strittige Fragen dürften sich nicht um die Wahrheit oder Irrigkeit der Meinungen drehen, sondern um den Thatbestand, aus welchen Gründen diese oder jene Schriftsteller, oder Schulen oder Kirchen, diesen oder jenen Meinungen anhängen. Unter einer solchen Einrichtung würde das heranwachsende Geschlecht in Bezug auf alle zweifelhaften Wahrheiten nicht schlimmer daran sein, wie gegenwärtig; es würde gerade wie heute auch als Anhänger der Hochkirche oder Dissidenten aufwachsen, und der Staat nur dafür sorgen, daß es zu unterrichteten Anhängern der Hochkirche oder Dissidenten aufgezogen würde. Es stünde nichts im Wege, daß man die Jugend, falls es die Eltern so wollten, in derselben Schule Religion lehrte, wo man sie über alle anderen Dinge belehrt. Alle Versuche des Staats, dem Urtheil seiner Bürger über strittige Fragen eine bestimmte Richtung zu geben, sind vom Uebel; dagegen ziemt es ihm sehr wohl, die Vergewisserung und Bestätigung auf sich zu nehmen, daß Jemand genügend Kenntnisse besitzt, um seinem Urtheil über irgend welche Gegenstände Beachtung zu verschaffen. Ein Jünger der Philosophie würde nur um so besser daran sein, wenn er eine Prüfung sowohl über Locke wie über Kant zu bestehen vermöchte, ob er sich nun dem einen oder anderen, oder selbst wenn er sich keinem von beiden anschließt: und es läßt sich kein vernünftiger Grund denken, warum man einen Gottesleugner nicht in den Zeugnissen für das Christenthum prüfen sollte, wenn man nur nicht verlangt, daß er daran glauben soll. Die Prüfung dagegen in den höheren Wissensgegenständen sollte, meines Erachtens, gänzlich freiwillig sein. Es hieße den Regierungen eine viel zu gefährliche Gewalt geben, wenn es ihnen gestattet würde, irgend Jemand wegen vorgeblichem Befähigungsmangel, von einem Berufe, selbst von dem eines Lehrers auszuschließen; und ich bin mit Wilhelm von Humboldt der Ansicht, daß ein Grad oder irgend anderes öffentliches Zeugniß der wissenschaftlichen oder berufsmäßigen Befähigung, Allen, die sich zu einer

Prüfung melden und sie bestehen, zu Theil werden, dagegen mit diesen Zeugnissen kein weiterer Vorzug über Mitwerber verbunden sein sollte, als das Gewicht, das ihnen in der öffentlichen Meinung aus inneren Gründen beiwohnen mag.

Nicht allein in der Erziehungsfrage stehen jedoch übel angebrachte Begriffe von Freiheit der Anerkennung sittlicher Verpflichtungen Seitens der Eltern, und der Einführung gesetzlicher Zwangsbestimmungen auch da entgegen, wo für die ersteren in allen, und auch für die letzteren in vielen Fällen die gewichtigsten Gründe sprechen. Schon die Thatsache, daß man ein menschliches Wesen in's Leben ruft, ist eine der verantwortlichsten Handlungen im Bereiche des ganzen Daseins. Diese Verantwortlichkeit auf sich zu nehmen — ein Leben zu verleihen, daß entweder ein Segen oder ein Fluch werden kann — ohne daß dem Wesen, dem man es verleiht, wenigstens die gewöhnliche Aussicht auf ein wünschenswerthes Dasein eröffnet wird, ist ein Verbrechen gegen dieses Wesen. Und in einem übervölkerten oder mit Uebervölkerung bedrohten Lande, mehr als eine ganz geringe Zahl von Kindern erzeugen, mit der Wirkung, daß dadurch der Lohn der Arbeit gedrückt wird, ist ein schweres Vergehen gegen Alle, die von dem Ertrage ihrer Arbeit leben. Die Gesetze, die in vielen Ländern des Kontinents die Ehe untersagen, sofern die Betheiligten nicht genügende Mittel zum Unterhalte einer Familie nachweisen, sind keine Ueberschreitung der dem Staate zukommenden Gewalt; und ob nun diese Gesetze wirksam sind oder nicht (eine Frage, die im Wesentlichen von örtlichen Umständen oder Gefühlen abhängt), so liegt darin keine Verletzung der Freiheit. Solche Gesetze sind Eingriffe des Staats zur Verhinderung einer nachtheiligen Handlung — einer Handlung, die Anderen Schaden bringt, und demgemäß von der Gesellschaft mißbilligt und gebrandmarkt werden sollte, auch wenn man die Verschärfung durch die gesetzliche Bestrafung für nicht zweckgemäß hält. Dennoch würden die landläufigen Begriffe von Freiheit, die sich gegen jede wirkliche Beschränkung der Freiheit der Persönlichkeit, die diese allein angeht, so schmiegsam zeigen, jeden Versuch einer Beschränkung der Neigungen zurückweisen, wo aus deren Befriedigung für eine Nachkommenschaft nur Elend und Verwilderung, und für Alle, die dieser hinreichend nahe stehen, um von ihren Handlungen berührt zu werden, die mannigfachsten Uebel hervorgehn. Vergleicht man die merkwürdige Achtung der Menschheit vor der Freiheit mit ihrer merkwürdigen Mißachtung derselben, so sollte man meinen, daß ein Jeder ein unveräußerliches Recht besäße, Andere in Schaden zu bringen, und gar kein Recht, sich nachzugeben, wo er dadurch Niemanden Uebels zufügt.

Schließlich bleibt noch eine große Klasse von Fragen in Bezug auf die Grenzen der Einmischung der Regierungsgewalt, die, obgleich mit dem Gegenstand dieser Untersuchung nahe verwandt, doch streng genommen, nicht dahin gehören. Es gibt nämlich Fälle, wo die Gründe gegen diese Einmischung sich nicht um den Grundsatz der Freiheit drehen; es handelt sich dabei nicht um eine Beschränkung, sondern um eine Unterstützung der Handlungen der Einzelnen: man fragt, ob die Regierung eine Aufgabe zu ihrem Wohle selbst besorgen oder veranlassen, oder eben ihren eigenen vereinzelten oder freiwillig verbundenen Anstrengungen anheimstellen sollte.

Die Einwürfe gegen eine Einmischung der Regierung, sofern dieselbe keine Verletzung der Freiheit einschließt, sind von dreierlei Art.

Der erste ist, daß die Einzelnen vielfältig weit geschickter sind, eine Sache in's Werk zu setzen, als die Regierungen. Im Allgemeinen ist Niemand so geeignet, irgend ein Geschäft zu führen oder zu entscheiden, wie oder durch wen es geführt werden soll, als diejenigen, deren persönlicher Vortheil daran betheiligt ist. Dieser Grundsatz verurtheilt die ehedem so gewöhnliche Einmischung der Gesetzgebung oder Regierungsbehörden in den Betrieb der Gewerbe. Doch ist diese Seite des Gegenstandes durch die politischen Oekonomen hinreichend durchgesprochen und den Grundsätzen dieser Untersuchung nur entfernt verwandt.

Der zweite Einwand steht in näherer Beziehung zu unserem Gegenstand. In vielen Fällen sollten bestimmte Aufgaben, ob die Einzelnen dieselbe im Durchschnitt auch nicht so gut vollführen wie die Behörden der Regierung, doch nicht der Regierung, sondern den Einzelnen überlassen bleiben, um dadurch ihre geistige Erziehung zu fördern — um ihre Strebsamkeit zu erhöhen, ihr Urtheil zu üben, und sie mit den Lebensaufgaben, die ihnen überlassen bleiben müssen, nach allen Seiten vertraut zu machen. Darin liegt, wenn auch nicht der einzige, doch ein Haupt-Empfehlungsgrund für das Geschwornengericht (in nicht politischen Fällen); für freie und volksthümliche Orts- und Gemeindeverwaltung; für die Führung gewerblicher und menschenfreundlicher Unternehmungen durch freiwillige Gesellschaften. Es sind dieß keine Freiheitsfragen und mit unserem Gegenstand nur durch abliegende Bestrebungen verwandt: es sind aber Entwicklungsfragen. Wir können sie an dieser Stelle als Mittel der nationalen Erziehung nicht weiter verfolgen; sie bilden jedoch die eigentliche Bildungsschule des Staatsbürgers, den praktischen Theil der politischen Erziehung eines freien Volks, die Thätigkeitssphäre, die den Einzelnen aus dem engen Kreis selbstsüchtiger persönlicher Familienanliegen herausreißt, und ihn mit dem Verständniß gemeinsamer Anliegen und der Führung gemeinsamer Angelegenheiten vertraut macht — die ihn gewöhnt, nach gemeinnützigen oder doch halbwegs gemeinnützigen Beweggründen zu handeln und Ziele im Auge zu halten, die ihn und seine Mitbürger zusammen und nicht auseinander führen. Ohne diese Gewöhnungen und Befugnisse läßt sich eine freie Verfassung weder durchführen noch erhalten, wie die nur zu oft so vergängliche Natur der politischen Freiheit in den Ländern zeigt, wo diese nicht auf einer hinreichend breiten Grundlage von örtlichen Freiheiten ruht. Die Leitung rein örtlicher Angelegenheiten durch die Ortsbehörden, und der großen gewerblichen Unternehmungen durch den Verband derjenigen, die dazu die Geldmittel steuern, empfiehlt sich zugleich durch alle in dieser Untersuchung erörterten Vortheile einer persönlich freien Entwicklung und verschiedenartigen Lebensführung. Die Unternehmungen der Regierung gehen überall nach demselben Uhrwerk. Unter den Privaten und freiwilligen Vereinen ist dagegen die Mannigfaltigkeit der Versuche und die unendliche Verschiedenartigkeit der Erfahrungen zu Hause. Dem Staate bleibt der nützliche Wirkungskreis, daß er sich zum Mittelpunkte macht, wo die Erfahrungsresultate dieser zahllosen Versuche zusammenströmen, um sich von da aus wieder in alle Glieder des Volkskörpers zu verbreiten. Sorge des Staats sollte sein, daß jeder, der einen Versuch anstellt, von den Versuchen aller Uebrigen Gewinn ziehe, statt daß er keine anderen Versuche als seine eigenen duldete.

Der dritte und zwingendste Grund, die Einmischung der Regierung zu beschränken, sind die Uebelstände, die ihre unnöthige Machtvermehrung im Gefolge hat. Jede neue Verrichtung, die der Regierung zu den vielen, die sie bereits ausübt, überlassen wird, dehnt den Einfluß der von ihr abhängigen Hoffnungen und Befürchtungen über weitere Kreise aus, und verwandelt den strebsamen und ehrgeizigen Theil der Gesellschaft mehr und mehr in Schleppträger der Regierung oder der nach der Regierung strebenden Partei. Wenn die Straßen, die Eisenbahnen, die Banken, die Versicherungsanstalten, die großen Aktiengesellschaften, die Universitäten, die Wohlthätigkeitsanstalten sämmtlich zu Zweigen der Staatsverwaltung würden; wenn dazu die Gemeinde- und örtliche Verwaltung mit Allem, was ihnen heute obliegt, den Centralbehörden überlassen würden; wenn die Beamten aller dieser verschiedenen Unternehmungen von der Regierung angestellt und gelohnt

würden und von der Regierung jede Verbesserung ihrer Lage zu
erwarten hätten: so würde die ganze Freiheit der Presse und alle
volksthümliche Verfassung der Gesetzgebung dieß oder irgend ein
andres Land doch nur dem Namen nach zu einem freien machen.
Und das Uebel würde um so schlimmer sein, je wirksamer und
einsichtsvoller die Verwaltungsmaschinerie eingerichtet — je zweck=
entsprechender die Einrichtungen, um sich der geeignetsten Hände
und Köpfe zu ihrer Leitung zu versichern, ausgesonnen wurden.
In England hat man neuerdings vorgeschlagen, alle Bewerber
um bürgerliche Beamtenstellen einer Prüfung zu unterwerfen, um
sich dadurch einer Auswahl von fähigen und unterrichteten Leuten
zu versichern, und es ist viel für und gegen diesen Vorschlag
gesagt und geschrieben worden. Einer der Gründe, worauf die
Gegner am meisten Gewicht legen, ist, daß das Geschäft eines
festangestellten Staatsbeamten keine genügende Aussicht auf Be=
lohnung und Ansehen gewährt, um die bedeutendsten Talente anzu=
ziehen, diese vielmehr im bürgerlichen Berufsleben oder im Dienst
von Gesellschaften und anderen öffentlichen Körperschaften stets auf
lockendere Aussichten rechnen könnten. Es würde uns nicht Wunder
nehmen, wenn sich die Freunde des Vorschlags dieses Beweis=
grunds als Antwort auf seine Haupt=Schwierigkeit bedienen wür=
den. Von Seiten der Gegner klingt er sonderbar genug. Was
man als einen Einwand geltend macht, ist das Sicherheitsventil
der vorgeschlagenen Einrichtung. Wenn alle bedeutenden Talente
des Landes in den Dienst der Regierung wirklich gezogen werden
könnten, dann möchte ein dahinführender Vorschlag allerdings
beunruhigen. Wenn jede Aufgabe des gesellschaftlichen Lebens,
die zu ihrer Ausführung eines durchdachten Zusammenwirkens und
eines weiteren Gesichtskreises bedürfte, in den Händen der Re=
gierung läge, und die Staatsämter allgemein von den fähigsten
Männern ausgefüllt würden, so würde sich alle höhere Bildung
und geübte Einsicht des Landes, mit Ausnahme der rein spekula=

tiven, in einer zahlreichen Büreaukratie zusammenfluden, und der Ueberrest der Gesellschaft zu dieser für jeden Zweck aufschauen: die Menge, um sich in allen ihren Angelegenheiten vorschreiben und leiten zu lassen, die Fähigen und Strebsamen, um in die Höhe zu kommen. In die Reihen dieser Büreaukratie aufgenommen zu werden, und wenn einmal darin aufgenommen, in die Höhe zu steigen, würde das Ziel alles Ehrgeizes bilden. Unter einer solchen Ordnung ist nicht allein die Gesammtheit, abseits des grünen Tisches, wegen mangelnder praktischer Erfahrung, schlecht befähigt, die Art des Verfahrens der Bureaukratie zu prüfen und zu zügeln; auch für den Fall, wo die Zufälle einer Gewaltherrschaft, oder der gesetzmäßige Verlauf einer volksthümlichen Verfassung einmal einen Herrscher oder Herrscher, die zu Verbesserungen neigen, an's Ruder bringt, läßt sich doch keine Verbesserung durchführen, die dem Vortheile der Büreaukratie zuwider läuft. Das ist die traurige Lage des russischen Reichs, wie aus den Berichten aller näheren Beobachter hervorgeht. Der Czar selbst ist machtlos gegen die bureaukratische Körperschaft; er kann jeden beliebigen darunter nach Sibirien schicken, allein er kann nicht ohne sie oder wider ihren Willen regieren. Ueber einen jeden seiner Erlasse haben sie ein stillschweigendes Veto, indem sie sich einfach enthalten, ihn auszuführen. In Ländern, wo die Gesittung weiter fortgeschritten und ein aufrührerischer Geist zu Hause ist, macht die Menge, die in allen Dingen auf die Hülfe des Staats wartet, oder wenigstens nicht gewohnt ist, sich selber zu helfen, ehe nicht der Staat seine Erlaubniß dazu gegeben und selbst seine Mitwirkung zugesagt hat, ganz naturgemäß den Staat für alle Uebel, die ihr zustoßen, verantwortlich, und wenn das Uebel einmal ihre Geduld übersteigt, so erhebt sie sich gegen die Regierung und macht eine sogenannte Revolution. Dann schwingt sich irgend sonst Jemand mit oder ohne die Zustimmung der Nation in den erledigten Herrschersitz, erläßt seine Befehle an die Büreaukratie und Alles geht so ziemlich wie vorher auch, da die Büreaukratie sich nicht geändert hat und Niemand anders ihre Stelle ersetzen kann.

Ein sehr verschiedenes Schauspiel zeigen die Völker, die daran gewöhnt sind, ihre eigenen Geschäfte auch selbst zu besorgen. In Frankreich, wo stets ein großer Theil des Volks dem Militärdienst angehörte, und viele unter dieser Zahl wenigstens den Rang eines Unteroffiziers bekleideten, findet sich in jeder Volksempörung der Eine und Andere, der die Führung zu übernehmen und einen leidlichen Feldzugsplan zu entwerfen versteht. Was die Franzosen in militärischen, sind die Amerikaner in jeder Art von bürgerlichen Dingen; nehmt ihnen ihre Regierung, so ist jeder erste beste Trupp von Amerikanern im Stande, eine neue in's Leben zu rufen, und diesem oder irgend einem anderen öffentlichen Geschäft mit genügender Einsicht, Ordnung und Entschiedenheit vorzustehen. Dazu sollte jedes freie Volk befähigt sein, und ein Volk, das dazu befähigt ist, ist sicher frei zu sein: es wird sich niemals durch einen Mann oder eine Handvoll Knechten lassen, weil diese in der Lage sind, die Zügel der Centralverwaltung ergreifen und führen zu können. Keine Büreaukratie darf hoffen, einem solchen Volk, was es thun oder lassen soll, gegen seinen Willen vorzuschreiben. Wo dagegen Alles durch die Büreaukratie geschieht, kann überhaupt nichts geschehen, was ihr wirklich zuwider ist. Die Verfassung solcher Länder ist die Einreihung der Erfahrung und des praktischen Geschicks der Nation in eine wohlgeschulte Körperschaft zum Zweck der Beherrschung aller Uebrigen; und je vollkommner diese Einreihung gelingt, je erfolgreicher sie die tüchtigsten Köpfe aus allen Reihen der Gesellschaft an sich zieht und für ihre Zwecke dressirt: um so vollständiger wird auch die Knechtschaft Aller, die Mitglieder der Büreaukratie nicht ausgeschlossen. Denn die Herrschenden sind ebenso sehr Sklaven ihrer eigenen Zucht und Ordnung, wie die Beherrschten die der Herrschenden. Ein chinesischer Mandarin ist ganz ebenso viel Werkzeug und Geschöpf einer Gewaltherrschaft, wie der gemeine Bauersmann. Ein einzelner Jesuit ist bis zur tiefsten Stufe der Erniedrigung der Sklave seines Ordens, obgleich der Orden selbst der Gesammt-Macht und Bedeutung seiner Mitglieder dient.

Auch ist nicht zu vergessen, daß die Aufsaugung aller höheren Begabung des Landes in die regierende Körperschaft, der geistigen Regsamkeit und Strebsamkeit der Körperschaft selbst, früher oder später, verderblich wird. Eng aneinander geschmiedet, einer planmäßigen Ordnung gehorchend, die, wie alle solche Ordnungen, nothwendig in ausgedehntem Maaße feststehenden Regeln gehorcht, ist das Beamtenthum stets in Versuchung in trägen Schlendrian zu versinken, oder wo es ab und zu seinem Tretmühlengang untreu wird, über Hals und Kopf in irgend eine unverdaute Neuerung zu verfallen, die sich der Einbildungskraft irgend eines seiner hervorragenden Mitglieder bemächtigt hat. Der einzig wirksame Zügel gegen diese, wenn auch anscheinend entgegengesetzten, doch in Wirklichkeit engverbundenen Neigungen, der einzige Sporn, der die Befähigung der Körperschaft selbst auf einer gewissen Höhe erhalten kann, ist die ungehinderte Ueberwachung durch die gleich hohe Befähigung außerhalb der Körperschaft. Es ist daher unumgänglich, daß Mittel bestehen, wodurch sich, unabhängig von der Regierung, eine solche Befähigung auszubilden, und die zu einer richtigen Beurtheilung großer praktischer Angelegenheiten nothwendige Uebung und Erfahrung zu erwerben vermag. Wenn wir uns ein geschicktes und wirksames Beamtenthum — und vor Allem ein zu Verbesserungen fähiges und williges Beamtenthum zu sichern wünschen, wenn wir verhüten wollen, daß unsere Büraukratie nicht in eine Pedantokratie ausarte, so darf diese Körperschaft nicht all' die Geschäfte an sich ziehen, wodurch die für die Beherrschung der Gesellschaft erforderlichen Eigenschaften gebildet und vervollkommnet werden.

Den Punkt zu bestimmen, wo diese für die Freiheit und den Fortschritt der Gesellschaft so verderblichen Uebelstände anfangen, oder vielmehr wo sie die eigenthümlichen Vortheile zu überwiegen anfangen, die der unter anerkannten Führern, zur Beseitigung der Hindernisse der menschlichen Wohlfahrt, geeinigten gesellschaftlichen Gesammtkraft eigenthümlich sind — die Vortheile der von Einem Mittelpunkt aus wirkenden Kräfte und Einsichten sich soweit dienstbar machen, als dies, ohne einen allzugroßen Theil der allgemeinen Regsamkeit in die Regierungskanäle zu leiten, noch möglich ist: ist eine der schwierigsten und verwickeltsten Fragen der Regierungskunst. Es ist in hohem Maße eine Frage der Einzelnheiten, worin viele und verschiedenartige Erwägungen im Auge zu behalten sind und keine unbedingte Regel festgesetzt werden kann. Wie mir scheint, läßt sich jedoch der praktische Grundsatz, der gegen alle Gefahren Gewähr leistet, das Vorbild, das man im Auge behalten, der Maßstab, an dem jede Einrichtung zur Beseitigung der Schwierigkeiten geprüft werden sollte, in folgenden Worten zusammenfassen: die größte, mit einer erfolgreichen Wirksamkeit noch verträgliche Vertheilung der Gewalt; dagegen die erreichbare Zusammenfassung der von ihrem Mittelpunkt wieder zu verbreitenden Belehrung. So würden in der Gemeindeverwaltung, wie in den Staaten von Neu-England, alle Geschäfte, die nicht besser den dabei unmittelbar Betheiligten überlassen bleiben, bis ins Einzelne unter verschiedene, durch die Gemeindeangehörigen gewählte Behörden vertheilt werden; außer diesen würde aber für jede Abtheilung Ortsangelegenheiten eine der Staatsregierung unmittelbar angehörige Centralbehörde bestehen. In diesem Organ würde sich, wie in einem Brennpunkt, die ganze Mannigfaltigkeit der Belehrung und Erfahrung sammeln, die sich aus der Führung dieses öffentlichen Geschäftszweigs in allen Gemeinden, aus allen ähnlichen Erfahrungen in fremden Ländern und aus den allgemeinen Grundsätzen der Staatswissenschaft gewinnen ließe. Dieser

Centralbehörde müßte das Recht zustehen, von allem, was geschieht, Kenntniß zu nehmen, und ihre besondere Pflicht wäre es, die an dem einen Orte erlangte Einsicht allen anderen zugänglich zu machen. Vermöge ihrer höheren Stellung und umfassenden Gesichts=kreises von allen kleinlichen Vorurtheilen und engherzigen Anschauungen, wie sie die Beschränkung auf die Oertlichkeit erzeugt, unabhängig, würde ihren Rathschlägen naturgemäß ein höheres Ansehen inne wohnen; ihre wirkliche Macht dagegen als Vollzieher des Staatswillens, sollte sich nach meiner Ansicht darauf beschränken, die Ortsbehörden zum Gehorsam gegen die ihnen zur Richtschnur dienenden Gesetze anzuhalten. In allen Angelegenheiten, wofür keine allgemeinen Vorschriften beständen, sollten diese Beamten ihrem eigenen Urtheil, unter Verantwortlichkeit gegen ihre Wähler überlassen bleiben. Für die Verletzung der Vorschriften, sollten sie dem Gesetze verantwortlich sein, und die Vorschriften selbst müßten durch die Gesetzgebung festgestellt sein; die Staats=Verwaltungsbehörde würde bloß über ihre Ausführung wachen, und falls sie nicht ordnungsgemäß angewandt würden, je nach der Natur des Falls, an die Gerichtshöfe appelliren, um dem Gesetz Achtung zu verschaffen, oder an die Wählerschaften, um die Beamten zu entfernen, die das Gesetz nicht seinem Geiste gemäß ausgeführt hätten. So wirkt, ihrer allgemeinen Anlage nach, die Oberaufsicht, die der unserem Armenwesen vorgesetzten Staatsbehörde (Poor Law Board) über die Verwalter der Armensteuer im ganzen Lande zusteht. Alle darüber hinausgehenden Vollmachten dieser Behörde waren in diesem besonderen Falle gerechtfertigt und nothwendig, um eingewurzelten Gewohnheiten der Mißverwaltung in einer Angelegenheit beizukommen, die nicht allein die Gemeinden, sondern die ganze Gemeinschaft tief berührte, sofern keine Gemeinde das sittliche Recht hat, einen Pfuhl der Massenarmuth aus sich zu machen, der nothwendig in andere Gemeinden überfließt und die sittlichen und körperlichen Zustände der ganzen arbeitenden Bevölkerung ver=

pestet. Die der obersten Armenbehörde zugetheilte Zwangs- und untergeordnete Gesetzgebungsgewalt (obgleich sie aus Rücksicht auf die öffentliche Meinung über den Gegenstand nur sehr sparsam ausgeübt wird) erscheint in einem Fall von so entscheidender nationaler Bedeutung durchaus gerechtfertigt, würde aber bei der Ueberwachung rein örtlicher Interessen nichts weniger als am Platze sein. Dagegen würde eine obere Staatsbehörde zum Zweck der Erkundung und Belehrung in allen Abtheilungen der Verwaltung gleich werthvoll sein. Eine Regierung kann nicht zuviel von der Art von Thätigkeit entwickeln, die die Bemühungen und Fortschritte der Einzelnen nicht hindert, sondern fördert und anspornt. Das Uebel beginnt erst da, wo sie, statt die Regsamkeit und Kraft der Einzelnen hervorzulocken, ihre eigene Thätigkeit an deren Stelle setzt; wenn sie, statt zu belehren, zu rathen und gelegentlich zu tadeln, den Anstrengungen der Einzelnen die Hände bindet oder sie zur Seite schiebt und die Arbeit an ihrer Stelle verrichtet. Der Werth eines Staats kommt am Ende der Dinge auf den der Einzelnen hinaus, die ihn zusammensetzen; und ein Staat, der die Vortheile i h r e r geistigen Ausbildung und Erhebung einer etwas höheren Fertigkeit seiner Verwaltung oder dem Anschein derselben, den die Uebung in Geschäftseinzelnheiten verleiht, opfert; ein Staat, der seine Bürger verkrüppelt, um an ihnen, sei es auch für wohlwollende Zwecke, um so gefügigere Werkzeuge zu besitzen, wird empfinden, daß man mit kleinen Menschen keine wahrhaft großen Dinge auszuführen vermag: die Vervollkommnung der Maschinerie, der er Alles geopfert hat, wird ihm schließlich doch nichts nützen, weil die lebendige Triebkraft, die er, damit seine Maschine möglichst sanft gehe, verabschiedete, abhanden gekommen ist.

Inhalt.

	Seite
Vorwort des Uebersetzers	III
Widmung	XI
1. Kapitel. Zur Einleitung	1
2. Kapitel. Ueber die Gedanken- und Redefreiheit	21
3. Kapitel. Ueber die Eigenthümlichkeit der Persönlichkeit als eine der Grundbedingungen des menschlichen Wohls	77
4. Kapitel. Ueber die Grenzen des Machtgebots der Gesellschaft über den Einzelnen	105
5. Kapitel. Anwendungen	133

In demselben Verlag ist erschienen und durch alle Buchhandlungen zu beziehen:

Die deutsche Nationaleinheit

in ihrer
volkswirthschaftlichen, geistigen und politischen Entwickelung
an der Hand der Geschichte beleuchtet von
Max Wirth,
Verfasser der „Grundzüge der Nationalökonomie", der „Geschichte der Handelskrisen" u. s. w.

31 Bogen gr. 8. brosch. Rthlr. 2. fl. 3. 30 kr.

Zu dieser Entwickelungsgeschichte des deutschen Volksthums sucht der Verfasser aus den historischen Quellen nachzuweisen, daß die von der nationalen Fortschrittspartei aufgestellten Forderungen historisch berechtigt, daß dagegen alle volksfeindlichen Elemente durch römischen oder französischen Einfluß importirt seien; daß die conservativste aller Forderungen des Volkes die Wiederherstellung der 1000jährigen Reichsversammlung, reformirt nach dem heutigen Bildungsgrad der Nation sei; daß mittelst dieser die größere Einheit der Nation auf friedlichem Wege hergestellt werden könne; daß diese Einheit aber nothwendig sei, um die Nation und ihre hohen Culturinteressen vor Rußland und Frankreich zu schützen.

Die Geschichte der Handelskrisen
von
Max Wirth.
gr. 8. 1858. 30 Bogen. Geh. Rthlr. 2. fl. 3. 30 kr.

Dieses Werk umfaßt nicht allein die Geschichte der Handelskrisen in den letzten drei Jahrhunderten bis 1858, sondern ist als eine Geschichte der gesammten volkswirthschaftlichen Entwickelung des 19. Jahrhunderts zu betrachten, welche alle wichtigen Ereignisse auf dem Gebiete der Finanzen, des Bank-, Credit- und Geldwesens, des Handels und der Industrie erschöpfend beleuchtet. Von besonderem Interesse für die Gegenwart dürften diejenigen Abschnitte sein, welche die Diagnose der Krisis und die Mittel zu deren Verhütung behandeln. Da eine solche Gesammtdarstellung der Handelskrisen in der wissenschaftlichen Literatur keines Volkes noch existirt, so glauben wir dem Publikum nicht allein etwas Neues zu bieten, sondern auch durch Zugabe eines sorgfältig ausgearbeiteten Sachregisters ein Nachschlage-Buch über alle wichtigen, volkswirthschaftlichen, finanziellen und commerziellen Thatsachen dieses Jahrhunderts zu liefern, welches in keiner öffentlichen Bibliothek, in keiner Leseanstalt, bei keinem Finanz- oder Geschäftsmann fehlen sollte.

Das beste Zeugniß für den inneren Werth des Werkes und für die Richtigkeit der darin vorgeführten Darstellung, Urtheile und Schlußfolgerungen, legt die Thatsache ab, daß der 2 Monate nach seinem Erscheinen ausgegebene Bericht des vom englischen Parlamente zur Prüfung der Bankakte niedergesetzten Comitté's die Ursachen und den Verlauf der Krisis vollkommen ebenso darstellt und beurtheilt.